职业教育启思录之五

# 怎样构建河南特色现代职业教育体系：

## 河南省第四届职教专家论坛集萃

主　编　尹洪斌
副主编　董学胜　黄才华

河南大学出版社
HENAN UNIVERSITY PRESS
·郑州·

# 河南省第四届职教专家论坛集萃

## 编委会名单

# 序

构建现代职业教育体系是职业教育发展的重要目标，是为了解决我国教育长期存在的人才培养结构与经济结构、社会结构不相适应的问题，使教育规模、结构、层次和质量全方位适应经济社会发展需求，实现教育体系变革的彻底性突破。建立现代职业教育体系，对打造中国经济升级版，创造更大人才红利，促进就业和改善民生，满足人民群众生产生活多样化的需求，实现中华民族伟大复兴的中国梦都具有重要意义。

关于构建职业教育体系，早在1985年《中共中央关于教育体制改革的决定》就提出"发展职业技术教育要以中等职业技术教育为重点，发挥中等专业学校的骨干作用，同时积极发展高等职业技术院校，优先对口招收中等职业技术学校毕业生以及有本专业实践经验、成绩合格的在职人员入学，逐步建立起一个从初级到高级、行业配套、结构合理又能与普通教育相互沟通的职业技术教育体系"。自此，构建职业教育体系成为职业教育发展的一个战略任务。此后，国家也多次颁布重要文件要求落实这一战略任务，2002年，《国务院关于大力推进职业教育改革与发展的决定》提出，"力争在'十五'期间初步建立起适应社会主义市场经济体制，与市场需求和劳动就业紧密结合，结构合理、灵活开放、特色鲜明、自主发展的现代职业教育体系"。为此，要深化教育教学改革，"加强中等职业教育与高等职业教育,职业教育与普通教育、成人教育的衔接与沟通,建立人才成长'立交桥'"。2010 年出台的《国家中长期教育改革和发展规划纲要(2010～2020 年)》明确提出要建设中国特色的现代职业教育体系。为全面落实关于现代职业教育体系建设的要求,2011 年,《教育部关于推进中等和高等职业教育协调发展的指导意见》(教职成〔2011〕9 号)指出:"构建现代职业教育体系,必须适应经济发展方式转变、产业结构调整和社会发展要求;必须体现终身教育理念,坚持学校教育与各类职业培训并举、全日制与非全日制并重;必须树立系统培养的理念,坚持就业导向,明确人才培养规格、梯次和结构;必须明确中等和高等职业学校定位,在各自层面上办出特色、提高质量,促进学生全面发展。"这一政策文件的出台指明了现代职业教育体系的基本特征,也就是说,现代职业教育体系是一个能够适应经济发展方式转变、产业结构调整和社会发展要求的体系,是一个能够满足人民终身教育需求的体系,是一个人才培养方式多样化的体系,是一个中高级层次完善贯通的体系。现代职业教育体系下的人才培养目标是不仅要培养学生的职业技能,还要培养学生的职业道德。2014 年,《国务院关于加快发展现代职业教育的决定》指出,要"加快构建现代职业教育体系","巩固提高中等职业教育的发展水平","创新发展高等职业教育","引导普通本科高等学校转型",要"健全'文化素质+职业技能'、单独招生、综合评价招生和技能拔尖人才免试等考试招生办法,为学生接受不同层次高等职业教育提供多种机会","建立有利于全体劳动者接受职业教育和培训的灵活学习制度,服务全民学习、终身学习,推进学习型社会建设"。2014 年 6 月,教育部等六部门出台了《现代职业教育体系建设规划(2014～2020 年)》,该规划明确了职业教育体系的基本架构、体系建设的重点任务、体系建设的制度保障和机制创新以及保障实施工作。可见,构建现代职业教育体系已成为职业教育发展的重点工作,推进速度也在明显加快。

为扎实推进职业教育体系建设工作,2010 年,教育部确定河南省为构建现代职业教育体系的试点地区,其中,河南省实行试点的重点是建立健全政府主导、行业指导、企业参与的办学体制机制,创新政府、行业及社会各方分担职业教育基础能力建设机制,推进校企合作制度化;开展中等职业学校专业规范化建设,加强职业学校“双师型”教师队伍建设,探索职业教育集团化办学模式。按照国家教育部发展职业教育的要求,结合河南省职业教育发展实际,2010 年 12 月,河南省人民政府公布了《河南省中长期教育改革和发展规划纲要(2010～2020 年)》,提出要“适应经济发展方式转变和产业结构调整要求,积极构建体现终身教育理念,以中等职业教育为主体、中职高职相互衔接、职前职后相互沟通的具有河南特色的职业教育体系”。2012 年 5 月,《河南省人民政府关于创新体制机制进一步加快职业教育发展的若干意见》提出,要“积极构建适应经济发展方式转变和产业结构调整,体现终身教育理念、职业教育特点,中等和高等职业教育协调发展,外部开放、横向融通、纵向贯通的现代职业教育体系。外部开放:现代职业教育体系与产业体系吻合,与终身教育体系衔接,加强人才需求预测,深化校企合作,提升职业教育服务经济发展、保障民生、促进就业的能力;横向融通:职业院校毕业生在取得学历证书的同时取得职业资格证书,加强职业教育与普通教育的渗透融通,构建人才成长‘立交桥’,满足个人多样化发展需求;纵向贯通:以课程体系为纽带,以‘知识＋技能’的考试制度改革为支撑,实现中职、高职、本科和研究生等各层次职业教育的内部贯通,提高学生可持续发展能力”。在2012年河南省职业教育工作会议上,郭庚茂同志要求把职业教育作为事关中原经济区建设大局的战略举措来抓。为了有效推进这一工作,2013年5～7月,省教育厅组成调研组,围绕河南省现代职业教育体系构建过程中的中高职对接、技术型本科人才培养等问题开展调研,先后在新乡、平顶山、郑州等地集中召开了三次座谈会,听取有关学校的情况介绍和相关建议,并实地调研了部分院校的职业教育开展情况。调研所选取的对象覆盖了普通本科、高职高专和普通中职等20余所省内具有代表性的学校。在充分调研的基础上,起草了《关于推进现代职业教育体系建设的意见》(征求意见稿)、《关于开展应用型本科人才培养试点工作的通知》(征求意见稿)等。

2014年是河南省全面启动实施职教攻坚二期工程、加快发展现代职业教育体系的起步之年。2月19日,朱清孟同志在河南省教育工作会议上的讲话中指出,要“加快建立‘知识＋技能’的招生考试制度,推动中高职衔接,打通中职、高职、应用型本科升学通道。积极探索构建适应经济发展方式转变和产业结构调整需求,体现终身教育理念、职业教育特点,中等职业教育、高等职业教育、应用型本科教育和专业学位研究生教育有机衔接的现代职教体系”。2014年6月,河南省教育厅等六部门出台了《河南省现代职业教育体系建设规划(2014～2020年)》,提出了我省现代职业教育体系的建设目标:到2020年,形成适应发展需求、产教深度融合、中职高职衔接、职业教育与普通教育相互沟通,体现终身教育理念,具有河南特色、世界水平的现代职业教育体系。为加快构建河南省现代职业教育体系,2014年9月,河南省人民政府颁布了《河南省人民政府关于加快发展现代职业教育的意见》,提出了建立河南省职业教育体系的基本内容:巩固提高中等职业教育发展水平、创新发展高等职业教育、积极引导普通本科高等学校转型发展、建立职业教育内部衔接机制、推动职业教育与产业布局对接、大力实施全民技能振兴工程。

尽管政府构建现代职业教育体系、发展职业教育的决心非常坚定，然而，职业教育体系建设中依然有诸多问题难以解决，如在统筹普职发展、加快普及高中阶段教育的过程中，中等职业教育布局结构如何调整；在以中高职衔接为突破口，建立多层次与结构的职业教育中，职业教育的体制机制如何创新；在加强职业教育与普通教育的贯通融合、构建普职“立交桥”的过程中，完全的以学分互认为基础的资格框架体系如何建立等。除此之外，职业教育的法制保障如何健全，企业、行业参与职业教育办学的长效机制怎么建立，政府在职业教育中的引导、规范和督导作用如何发挥，社会力量进入职业教育的激励机制如何建立等问题都是制约职业教育体系建构的关键。

职业教育体系构建是一个系统工程，需要系统设计现代职业教育的体系框架、结构布局和运行机制，推动教育制度创新和结构调整，只有这样，才能培养数以亿计的工程师、高级技工和高素质的职业人才，才能满足现代职业教育发展对高素质人才的现实要求。河南省职业教育的发展关系着全省经济的发展，也关系着全省人民文化素质的提高，如何发展职业教育需要依靠全省职业教育发展战线上的专家、学者的意见。

“河南省第四届职业教育专家论坛”聚集了全省职业教育办学者和研究者的力量，论坛紧紧围绕现代职业教育体系的基本理论、现代职业教育体系的运行机制、现代职业教育体系的运行制度、现代职业教育体系建设与外部环境等问题展开了富有成果的讨论与交流，凝聚了我省现代职业教育体系建设的智慧和力量，展示了我省在职业教育体系构建的新进展。这些成果必将对贯彻落实《河南省人民政府关于创新体制机制进一步加快职业教育发展的若干意见》，对“探索具有河南特色的现代职业教育体系”起到积极的推进作用。

# 目　录

# 加快普职融通步伐，构建河南特色职教体系

郑州旅游职业学院　陈锡畴

2000年以来，由于我国经济结构调整、高校扩招、教育经费的不均衡分配等诸多原因，职业教育发展出现了前所未有的危机，很多中等职业学校甚至面临着难以生存的局面。近几年来，随着我国经济结构的转型，技能型人才普遍短缺的现状日益突出，党和国家深刻认识到职业教育对社会发展的巨大作用，进而做出了“大力发展职业教育”的决策，为职业教育的迅速发展提供了强有力的政策支持，我国的职业教育迎来了难得的发展机遇。然而冷静地看，党和国家对职业教育的高度重视和大力支持并不会立竿见影，职业教育目前的发展形势仍然不容乐观。客观认识职业教育现阶段的机遇与挑战，并采取正确的应对措施，既不能高枕无忧、盲目乐观，更不能怨天尤人、妄自菲薄，这是职业教育工作者必须秉持的一种理性心态。

当前，职业教育面临的问题很多，其中之一是招生难、生源质量差。如何破解这一难题，笔者认为需要加快普通教育与职业教育的融通步伐，这样既可以解决学生上高中难的问题，又可以解决职业教育生源困乏的难题，为我国教育事业的全面可持续发展打下坚实的基础。

## 一、职业教育面临的机遇和挑战

### (一) 职业教育面临的机遇

1. 党和政府的坚定态度、明智决策是职业教育发展的推动力

近几年来,党和政府明确提出了"大力发展职业教育"的口号,并从多方面对职业教育的发展给予了政策倾斜和资金支持。在利好政策的支持下,我国职业教育招生规模成复苏之势,社会对职业教育的需求越来越迫切,越来越多的人开始对职业教育进行理性客观的认识,职业教育再一次孕育着蓬勃发展的希望。

2. 技术人才的旺盛需求是职业教育发展的最大机遇

目前,我国经济发展迅速,急需大量中高级技术型、技能型人才。据统计,现有技术工人仅占全部工人的1/3左右,其中技师和高级技师约占4%。走新型工业化道路,转变经济增长方式,离不开数以千万计的技能精湛、业务娴熟的技术、技能型人才。劳动和社会保障部对全国89个城市劳动力市场的一份最新调查资料表明,高级技术工人的需求量继续攀高,复合型技术工人需求更旺。今后几年,中国企业对高级技术工人的需求将增长25%以上,其中"高级蓝领"的需求将翻一番。

### (二) 职业教育面临的挑战

经过30年来的发展,我国职业教育取得了巨大成绩,但在面临新的发展机遇的同时,也面临着严峻的挑战。

1. 鄙视职业教育的观念依然存在

随着职业教育的发展,虽然近几年人们的观念在不断改变,但职业教育仍然只是中招成绩较低学生和其家长的无奈选择。调查显示,全国只有4%的家长愿意让孩子上高职或技校。为什么本应具有巨大潜力和多元化的职业教育会面临如此尴尬的局面?这

是因为人们受“学而优则仕”“劳心者治人，劳力者治于人”等传统观念的影响，长此以往，职业学校的招生工作和培养工作将始终处于较为被动的地位。

2. 生源数量和质量逐年下降

受持续十几年普通高校、普通高中扩招的影响，我国普通教育尤其是普通高中教育持续高烧不退。与普通高中门庭若市形成鲜明对比的是，职业教育尤其是中等职业教育则始终处于门前冷落鞍马稀的尴尬境地。而高校盲目扩招引起的弊病越来越明显：不仅造成了社会资源的严重浪费、高校教学质量的严重滑坡，极大加重了居民的教育费用负担，也造成了社会人力资源结构的严重不合理分配，加剧了人力资源的不合理配置。近几年来，我国基础教育生源逐年减少，有的院校为了完成招生计划，不得不降低门槛甚至没有门槛，此举势必严重影响处在招生最末端的职业学校，使职业学校的招生工作雪上加霜。

3. 校际之间的生源大战和无序竞争逐步升级

为了争夺生源，校际之间的竞争、民办学校和公办学校的竞争愈演愈烈，甚至出现了宣传虚假广告、支付高额回扣等不正当的招生手段，在社会上造成了极恶劣的影响，严重阻碍了那些老老实实办校、认认真真教学的职业院校的生存和发展。

## 二、普职融通的必要性和可行性

面对机遇与挑战，职业教育当务之急是如何适应社会需求，抓住发展机遇，制定挑战之策。当前，我国正处在社会转型时期，教育同样面临着结构转型，实现普职融通对于构建符合社会发展需要的教育体系有着重大的意义。

**（一）普职融通是经济社会发展的必然趋势**

长期以来，普通教育与职业教育并行的“双重结构”的教育体制，事实上已造成两难境地：一方面，普通高中未能升学的毕业生直接进入了劳动力市场，但由于缺乏就业的思想准备和职业技能，难以适应职业岗位的要求；另一方面，随着经济、科技的快速发展，今后的职业活动不再只是单纯的技能操作，而是充满着科学思维和智力活动的劳动，但由于职业学校的学生基础差，加上职业学校只注重职业操作技能训练，毕业生综合素养不高，缺乏发展后劲。要有效消除这种两难境地，必须改革教育体制，而普职融通之路无疑是解决这些问题的必然选择。

**（二）普职融通拥有在发达国家和地区的成功经验**

近二三十年来，世界各国尤其是西方发达国家，纷纷制定了普通教育与职业教育一体化的政策，普通教育与职业教育兼顾的综合高中在世界范围内得到迅速普及。如：美国 1991 年就读综合高中的学生总数已占 98.4％，所占学校达 94.4％；英国 1988 年在英格兰就读的综合高中学生总数占公立中学的 85.7％；日本的综合高中已从 60 年代的 30％上升到 80 年代的 70％；瑞典、芬兰、瑞士的综合高中设置已十分普及；法国、奥地利、意大利等国的综合高中数量也呈明显上升趋势。借鉴世界各国大力发展综合高中的经验，我们认为，发展综合高中应是我国实现普职融通的方向。

**（三）普职融通可以大大缓解当前我国职业教育的困境**

众所周知，近几年，职业教育的招生成了一个老大难问题。对学历的盲目追捧，使得普通高中成了广大初中毕业生人人向往的香饽饽，职业学校生源逐年萎缩，职业教育工作者则成了“难为无米之炊的巧妇”，职业学校的生存面临着严峻的挑战，更遑论职业教育的健康发展和社会贡献。而普职融通的办学模式，客观上扩大了职业教育的生源。一方面，综合高中可以接收一部分由普通高中班转向职业教学班的学生。另一方面，其他普通高中的一些因成绩等原因愿意选择职业教育的学生都可以加入到职业教育中来，这保证了职业教育中有较高程度与水平的学生，壮大了职业教育优秀毕业生的队伍。

## 三、对我省普职融通特色办学的一些思考和建议

### （一）在一些高中试办职业教学班

近几年来，大学毕业生的就业压力越来越大，许多大学生由于缺乏必要的技能而未能就业。相反，职业技术学校的学生因有一技之长却能顺利就业。这给我们带来了重要启示：若能实现普职融通，使普通高中文化课教育水平较高的优势与渗透职业教育相结合，让学生形成良好的职业认知，获得一定的职业技能，我们必将走出一条宽广的办学之路。重庆、江苏、浙江、湖北等地在普职融通方面已经进行了有益的尝试和大胆的探索，并取得了一些阶段性成果。建议我省可以在一些条件允许的高中试办职业教学班，根据学生自己的实际情况、职业理想、个性特长等，采取学生自愿、家长同意、学校引导的方式，让一部分学生选择分流到职业教学班学习，进行为期一年的职业教育课程学习，再选择就业或对口升学。

### （二）在职业学校试办综合高中班

综合高中所实施的是普通教育与职业教育一体化的教育，其目的是为学生提供多次选择的机会，满足家长和学生上高中的心愿。就我省目前的状况而言，开设综合高中的条件已经具备。一是职业学校现代化的设施配备，为开设综合高中提供了雄厚的物质基础；二是职业学校的“双师型”教师队伍，为综合高中办学提供

了雄厚的师资力量。职业学校的综合高中可以以“2+1”的形式将普通教育与职业教育融合在一起,即前两年以基础文化教育为主,适当开设职业教育和职业指导课程,学生按计划学完两年文化基础课程后参加会考,根据会考结果,实行两类教育分流,分流后根据普通教育与职业教育两类学生各自的培养目标及相应的要求,实施不同的教学方案。当前的问题是要解决学籍互转和资助政策方面的一些问题。

**(三)加快开通职业学校优秀学生升入高等学校的直通车**

2011年,鲁昕同志在由教育部举办的高等职业教育引领职业教育科学发展战略研讨班上的讲话中指出,“在体系建设中,中等职业学校应发挥基础作用,重点培养技能型人才;高等职业学校要发挥引领作用,重点培养高端技能型人才;探索本科层次职业教育人才培养途径,重点培养复合型、应用型人才;探索高端技能型专业学位研究生的培养制度,系统提升职业教育服务经济社会发展的能力和支撑国家产业竞争力的能力”。所以,构建现代职业教育体系,只有目前的中职、高职层次是不够的,还应提高职业教育的层次,使其向应用型本科、专业硕士层次延伸。现阶段,我省中高职衔接主要有对口招生和五年一贯制两种模式,在现实中,以上两种模式与《教育部关于推进中等和高等职业教育协调发展的指导意见》(教职成〔2011〕9号)的要求相差甚远。因此,我们要进一步解放思想,先行先试,如探索高职与本科院校“3+2”分段专业直接对接模式、本科层次国内合作办学、中外联合培养本科等,架起职业教育的互通“立交桥”,加快开通职业学校优秀学生升入高等学校(本科)的直通车。

**(四)打通普通高校学生到职业学校学习技能的通道**

现阶段,我国高等教育存在着普通高校与职业院校并行但却互不交融的状况，这就造成了普通高校学生动手能力较差与实践环节薄弱的现象，这对于学生综合素质的提升非常不利，也是普通高校学生顺利进入社会的一个障碍。基于此，相关部门应当制定政策，打通普通高校学生到职业学校学习技能的通道，使普通高校学生在充分学习理论知识的同时，进一步强化技能训练，最终全面提升学生的综合素质。

综上所述，在新的历史阶段和发展时期，高中阶段教育中普通教育和职业教育逐渐由分离走向融通，真正实现普职比例大体相当，并在实践中逐步形成“体系开放、机制灵活、渠道互通、选择多样的人才培养体制”已经成为社会发展的必然趋势。为此，我们必须要积极顺应这一趋势，从政策、观念、投入、体制、管理等多方面深化研究和实践，使高中阶段普职教育在建立各级各类教育衔接与沟通的人才成长“立交桥”的体系中，发挥更强有力的支撑作用，真正建成具有河南特色的现代职业教育体系。

# 围绕区域经济建设发展，创建河南职业教育新格局

河南省财经学校　何海性

随着经济发展方式的转变和产业结构的不断调整，职业教育对经济社会发展的支撑作用愈发凸显，技术型、技能型、应用复合型人才的急缺为职业教育带来了前所未有的机遇和挑战。因此，整合职业教育资源，理顺职业教育结构，规范职业教育发展，构建集团化、规模化、品牌化的大职业教育体系势在必行。

河南正在加快步伐建设中原经济区。郑州航空港经济综合实验区的建设在带动整个河南经济各方面发展的同时，对于我省的各个中高职院校来说，无疑是一次重大的发展机遇。作为以培养高素质、专业技能型人才为己任的中高职院校，要更多地结合并融入到区域经济的发展中，积极整合职业教育资源，聚焦质量、内涵发展，打造职业名校，做大、做强、做优河南省职业教育，这既是“十二五”时期我省职业教育事业自身发展的需要，更是我省实施人才兴省战略、实现中原经济区建设目标、服务郑州航空港经济综合实验区建设，推进经济社会和谐发展的需要。

## 一、河南省中高职院校的发展现状及瓶颈

### （一）河南省中高职院校的发展现状

2001年，全省有中职学校921所。2006年上升为1023所。2007开始是中职学校发展的黄金时期，2007～2010年分别为1116所、1173所、1180所和1130所。2008年后，由于生源锐减，我省中职学校在数量上也有所削减，目前（2011年）有中职学校近千所。在招生人数上，2007年全省中等职业学校招生规模达到65.5万人，扩招7.6万人，比2006年增长13%；在校生规模达到156.3万人，同比增长12%，占高中阶段在校生的42.4%，中等职业学校招生、在校生规模均居全国第一位。此外，各种形式的职业教育培训蓬勃开展，年培训规模达到600多万人次。

2011年，河南省共有独立设置的高职院校70余所，按院校性质来分，公办院校有50余所，民办院校有20所左右。

### （二）河南省中高职院校的专业开设情况

就中职学校的专业类别来看，目前我省有19个专业大类，由于各校的情况、性质不同，大类下又分上百种专业。对我省中职学校的调研发现，其在专业开设上形成了以财经、电子信息、制造和文化教育类为主体的专业结构。在被调查的20多所中职学校的专业中，财经大类、电子信息大类、制造大类和文化教育大类的专业布点数均在90个以上。这四大专业占了19个专业大类的21%，在这四大类主体专业中，除制造类和部分电子信息类专业属于第二产业专业外，其他均属于第三产业。这些数据一方面说明河南省中职学校的专业设置主要集中在第三产业；另一方面，为了更好地适应时代发展，河南省中职学校形成了一批规模较大、与现代产业结构相适应的专业，除了酒店管理、旅游和工程造价等相对

传统的专业外,物流管理、计算机及其应用、电子商务、软件技术、自动化、数控技术、动漫等专业均体现了现代产业发展的需求。

教育部颁布的《普通高等学校高职高专教育指导性专业目录(试行)》中共包含19个专业大类、78个专业类和532种专业。单以郑州、漯河、信阳、商丘、济源等城市的几所具有代表性的高职院校为例,所开设的专业就覆盖了17个专业大类、近50个专业类和150余种专业(不含省外、中外合作办学,中职和软件学院等招生的专业),覆盖率分别达到了89%、61%和27%左右,平均每所院校设置专业数40余个,最多的将近50个,最少的也有30余个。总体来说,河南省高职院校的专业设置存在覆盖面广、类别繁杂,但雷同和相近专业较多的情况。

**(三)河南省中高职院校的发展瓶颈**

虽然国家和我省采取了各项扶持政策,但由于职业学校在发展过程中存在着生源减少、社会认可度低造成的学校招生困难,办学特色不够,精品专业匮乏,实训项目难以配套实践,专业教师短缺,师资队伍不稳等问题,近年来,中职学校的发展处于停滞状态,各种瓶颈问题日益凸显。如何依托地方经济特色,把握并发掘机遇,找准问题,突破瓶颈,真正实现中职学校培养技术型人才的意义就显得尤为重要,也是职业教育亟待解决的重要课题。

1. 生源减少

据教育部统计,2012年全国普通高校招生计划为685万人,预计全国平均录取率将超过75%。某些省份的录取率甚至达到90%,绝大多数学生不愁没大学上。这样一来,能够并且愿意上中高职学校的学生更是少之又少。“如果没有最低分数线卡着,我们愿意接收所有高中生,就是不管你考多少分,想来就能来。”河南一所高职院校的招生办负责人说。而门槛更低的中职学校,对报考考生更是大门敞开、零障碍，不止针对应届中学毕业生，对一些往届和中学未毕业的学生同样呈欢迎状态。这从侧面反映了当前“生源荒”的严峻形势。

为了应对当前生源锐减、学校出现生存危机的情况，很多中高职学校采取了各种各样的招生策略，如加大宣传力度、全面撒网、全员招生、主动联系相关学校、合办优质生源地高中等。但这些常规手段已不足以和同类学校竞争，于是出现了一些与企业合作开设莫须有的“订单班”、鼓吹学校情况、以“免费考驾照”“免费配备电脑”等为噱头来招揽生源的现象，同时也让一些投机者乘虚而入，作为中间联系人两方欺骗，给学生造成了经济损失。这些不正常的招生手段不仅给学校带来了负面影响，同时也让家长和学生对中高职学校产生不信任感，致使恶性循环，导致一面是“用工荒”、一面却是“生源荒”的现象。

2. 专业设置重复

为了扩大办学规模，更好地吸取生源、招来学生，很多中高职学校在专业设置上，不根据学校的实际情况和自身的办学优势，也没有与地方经济结构和产业换代升级紧密地结合起来，而是盲目跟风，注重短期热门专业的发展，社会上什么专业“热”，就开设什么专业。如管理、金融这类专业年年开，校校开，导致学校之间专业设置趋同化，缺少专业特色化、精品化的现状，同时造成了中高职学校在办学模式和教育方向方面与本科院校雷同，没有突出职业教育特色，这样，中高职学校必然缺乏竞争力，导致招生难。在生源竞争激烈的形势下，中高职学校办学模式同质化，专业设置雷同等，使其缺乏差异性竞争，也导致招生难。

3. 教育资源浪费

我省中高职学校专业重复率较高、专业聚集度较低、专业情况呈现“小”而“散”的特点,很多中高职院校开设相似或雷同专业,如计算机、会计金融、市场营销、平面设计等专业基本上在每所中高职学校都有开设。这样一来不仅造成恶性竞争,导致招生规模不大、招生和就业覆盖面过窄,并且导致有限的教育资源不能发挥最大的效益,在各个方面都是一种潜在的浪费。另外,不合时宜的盲目扩招、随意开设新兴专业也是造成教育教学资源浪费的重要原因。为了应对学生多、专业多的情况,学校不得不引进大批不同专业的人才、规划各种专业的实验实训基地、配备相应的实验实训设备,以便满足基本的教学需求。可面对生源急剧下降的情况,就出现了部分学校学生少、教师多、很多教师无课可带的情况,有些中职学校的学生与教师的比例甚至只有 2∶1。而部分当初热门的专业由于急剧扩张,各个中高职学校争相效仿,顺应市场积极开设,导致某些专业毕业生突增、市场过度饱和、人才需要供大于求,如计算机、会计金融等。最终结果是专业逐渐萎缩,而当初为顺应这些专业所引进的专业教师,配备的各种实验实训教室、场所和设备过多,利用率不高甚至闲置。这些现实状况不仅浪费了各项教育教学资源、占用了空间场所,也在无形中增加了中高职学校的办学成本、羁绊了中高职学校的发展。

4. 职业教育结构性失衡

如果说生源问题、专业设置问题以及教育资源问题是制约职业教育发展的表象的话,那么,我们可以进一步纵深挖掘:深层次的症结出在哪里?就是结构问题,这一点,教育部职教所主任邓泽民先生在讲话时也反复提出。结构性失衡主要体现在以下四个方面:一是专业结构失衡。职业院校的文科专业比重远远大于工科专业和制造业专业;二是职业院校的层次结构失衡。即高等职业院校,尤其是部分升为本科的高等职业院校,仿效普通高等院校的人才培养模式和办学定位，丧失了职业教育特色；三是生源结构失衡。中等职业学校和高等职业学校的生源一般均来源于应届毕业生，职前职后教育基本未能体现，职业教育终身化理念基本无从谈起；四是培养目标结构失衡。强调技能型人才的培养，但是对于技能型人才的需求分析不够透彻，技能型人才结构层次不够明显，无法满足现实需求。

## 二、中原经济区、郑州航空港区建设人才需求分析

2013 年 3 月，国务院正式批复了《郑州航空港经济综合实验区发展规划(2013～2025 年)》，这是全国首个上升为国家战略的航空港经济发展先行区。随着经济全球化的深入发展，航空运输正成为在全球范围内配置高端生产要素、提升国家和区域竞争力的重要途径，航空港经济日益成为推动经济发展的“新引擎”。郑州航空港经济综合实验区不仅为城镇化建设、现代航空城市建设起到了引路和引领作用，同时也为我省的中职教育带来了新的机遇和发展平台。

航空港区的建设离不开人才。眼下，航空港区最缺哪类人才？我们可以从人才专业结构和人才层次结构需求两个方面分析。

### (一) 人才专业结构需求分析

2013 年度河南省人才需求分析如下：

**表 1　2013 年第一季度河南人才市场招聘单位行业分布(前 10 位)**

| 排名 | 所属行业 | 所占比例 |
|---|---|---|
| 1 | 贸易/批发/零售业 | 30.36% |
| 2 | 信息传输/计算机服务和软件业 | 14.20% |
| 3 | 农/林/牧/渔业 | 10.74% |

续表

| 排名 | 所属行业 | 所占比例 |
| --- | --- | --- |
| 4 | 制造业 | 10.44% |
| 5 | 交通运输、仓储、邮政业 | 6.90% |
| 6 | 房地产业 | 5.26% |
| 7 | 建筑业 | 4.96% |
| 8 | 多元化集团 | 4.14% |
| 9 | 住宿和餐饮业 | 2.46% |
| 10 | 教育 | 2.28% |

如表1所示,招聘单位主要集中在贸易、批发、零售业,信息传输、计算机服务和软件业,农、林、牧、渔业,制造业。这四个行业所占招聘单位总数的比例均超过了10%,是第一季度吸纳人才的大户,超过5%的行业还有交通运输、仓储、邮政业,房地产业。

**表2 河南人才市场第一季度十大热门应聘职位类别(前10位)**

| 排名 | 所属职业 | 所占比例 |
| --- | --- | --- |
| 1 | 建筑/机械 | 17.47% |
| 2 | 市场营销 | 13.88% |
| 3 | 技工 | 9.09% |
| 4 | 财务/审计/税务 | 6.88% |
| 5 | 人力资源/行政 | 6.55% |
| 6 | 采购/贸易/物流/仓储 | 6.11% |
| 7 | 生产/营运/质量/安全 | 5.24% |
| 8 | 通信/电器类 | 4.90% |
| 9 | 设计/创意/美术/广告 | 3.93% |
| 10 | 计算机/互联网/电子商务 | 3.58% |

**表3　河南人才市场第一季度十大热门招聘职位类别(前10位)**

| 排名 | 所属职业 | 所占比例 |
|---|---|---|
| 1 | 市场营销 | 25.18% |
| 2 | 百货/连锁/零售服务 | 9.50% |
| 3 | 计算机/互联网/电子商务 | 8.98% |
| 4 | 建筑/机械 | 8.08% |
| 5 | 技工 | 6.30% |
| 6 | 医疗/卫生/美容/保健 | 4.93% |
| 7 | 采购/贸易/物流/仓储 | 4.62% |
| 8 | 通信/电器类 | 4.26% |
| 9 | 房地产开发/物业管理 | 3.25% |
| 10 | 人力资源/行政 | 2.95% |

如表2和表3所示,人才择业主要集中在建筑、机械,市场营销,技工,财会,人力资源、行政等,前10位应聘职位的求职人数占到了求职者总量的77.63%;用人单位招聘需求主要集中在市场营销,百货、连锁、零食服务,计算机、互联网、电子商务,建筑、机械,技工等,财务类岗位供需失衡现象尤为明显。

**(二)人才层次结构需求分析**

中原经济区和郑州航空港区实现跨越式发展,导致对人力资源需求的增加。更为重要的是,中原经济区和郑州航空港区的发展和产业结构升级的加快,需要一大批有一定理论基础的技术应用型人才把工程设计、技术方案等科技成果转化为产品,把先进工作理念转换为标准化的工作流程,并产生经济效益。具体分析,可以分为三个层次:高素质劳动者、技能型专门人才、拔尖创新人才。从职业院校培养的角度来讲,高素质劳动者即技能层次为初级工和中级工的技术工人,主要靠中职教育和高职教育培养;专门人才即技能层次为高级工及以上的技术工人,主要靠高职教育和应用型本科教育培养;拔尖创新人才主要靠普通高等本科教育培养。

由此可见,职业教育是所有教育类型中与区域经济发展最紧密、服务最贴切的教育。中原经济区和郑州航空港区的加快建设及建设过程中发展方式的转变,不仅需要大量的应用型、技能型、复合型人才,而且对人才的层次结构提出了更高的要求。我省的高职教育必须与中原经济区和郑州航空港区的经济发展紧密对接,并要进行教育观念更新,做好资源整合,实现与中原经济区和郑州航空港区的发展良性互动,适应加快建设发展的要求。

## 三、结合区域经济发展和产业结构重心,科学构建职业教育体系

我省职业教育必须要结合我省经济社会的发展和产业结构的调整去构建。把握好这一点,职业教育的改革发展才能更好地为我省区域经济和中原经济区、郑州航空港区建设发展服务,才能通过调整增加职业教育的资源总量弥补教育资源的短缺,才能真正做好中高等职业教育的有机衔接和资源整合,构建现代职业教育体系,盘活职业教育存量,使职业教育为我省区域经济发展服务、为中原经济区和郑州航空港区建设服务。

### (一) 围绕区域经济建设的办学资源整合与定位

河南省职业教育的体系构建必须围绕区域经济发展来实施。科学合理地定位职业教育的办学方向,分区域整合职业教育资源,积极创办适合中原经济区、郑州航空港综合实验区建设发展人才培养需求的高职院校,创办适合各地方区域经济和产业集聚区发展人才培养需求的中职学校。

1. 根据中原经济区、郑州航空港综合实验区建设发展需要,组建一批专业门类齐全的高职院校

从师资力量、办学条件、实训设施等办学条件综合考量,我省优质教育资源集中在省属学校。目前的形势是:一方面,省属学校专业雷同,各自使尽浑身解数进行"生源大战";另一方面,地、市、县级职业学校地方保护主义严重,挖空心思阻止本地生源外流,从而形成了当前封闭僵化的教育管理模式,被动形成了优质教育资源与渴望优质教育的主流生源的分离,造成了教育资源的严重浪费。如果我们根据文、经、理、工等不同学科,对省属学校的优质教育资源进行整合,优势互补,将一批符合条件的省属职业学校整合组建为高职院校,将市、县级以下的地方职业学校、职教中心与地方区域经济和产业集聚区的发展需要相结合,专注办好中等职业教育,将更有利于实现资源的统一调配和共享。

为调整职业教育结构,避免优质教育资源浪费和生源恶性竞争,建议由省政府统筹,省教育厅和各行业主管部门联合承办,将一批具有丰厚教育资源和丰富办学经验的省属中职学校整合组建为专业门类齐全的高职院校。

2. 根据区域经济发展和产业结构调整需要,调整中高等职业教育的办学定位

(1) 省属中职学校根据中原经济区、郑州航空港综合实验区建设需要,通过高中毕业生统招开办"骨干专业大专班"。省属公办中职学校和部分地市的国家级重点中职学校拥有为数众多的具有优质教育资源的国家级、省级骨干专业,近年来的"生源荒"使得这些经营多年、聚集着丰富职业教育内涵和大量资源投入,甚至是赖以生存的骨干专业"难为无米之炊"。建议由省教育厅统筹制定对策,允许省属中职学校和地市国家级重点中职学校的省级以上

骨干专业,直接通过高中毕业生统招开办“骨干专业大专班”。

(2) 各地市中职学校,除国家级重点中职学校省级以上骨干专业由省级教育主管部门统筹,开办“骨干专业大专班”以外,其他学校应根据区域经济发展和产业结构调整需要,办好适应区域经济发展人才培养需求的中职教育。

(3) 各县(市)建立的职业教育中心,根据当地区域经济发展需求,办好适合本地产业集聚区发展对人才培养需要的中职教育。

3. 调整我省中职教育现阶段教育教学制度和顶岗实习制度的改革定位

(1) 现阶段我省中职教育普遍采用的是“2+1”学制(三年制中专)与“4+1”学制(五年一贯制大专)的教育教学体制。实践证明,这样的学制严重缩短了学生在校学习的时间,难以确保学生在校学习的质量和教学计划的有效完成。过长时间的实习阶段,又增加了学校对规模化顶岗实习的组织难度,学生顶岗实习的流失率过高。不仅如此,过长时间的顶岗实习,实质上难以达到学生参加社会实践的实习效果,小规模顶岗实习与自主顶岗实习基本属于形同虚设,并且在学生、家长和实习单位各层面造成了严重的不良影响。

建议改革学制,将“2+1”学制修正为“2.5+0.5”学制,将“4+1”学制修正为“4.5+0.5”学制,以增强职业教育的针对性和效果性,确保中职教育阶段的教育效果和教学质量。

(2) 深化校企合作,通过政策扶植和引导,加大力度推行引厂进校。强化校企合作、工学结合和产教一体化建设,使学生在学习中融入社会实践,增强学生学习和专业实践的针对性和效果性。建议省政府根据河南省职业教育改革发展的实际需要,结合中原经济区、郑州航空港综合实验区建设的支柱产业发展需要,制定出台科、教、工、贸综合发展的相关扶植政策,积极扶植中高等职业院校和支柱产业的工学结合,积极推进引厂进校,使我省职业教育与产业结构调整结合得更紧密。如中原经济区和郑州航空港区作为承接产业转移、加速产业集聚、培育产业集群的主要载体,可以在几大产业集群(现代农业、物流业、汽车制造业、食品深加工、煤业、钢铁、服装加工、旅游业、信息产业、医药业、工程机械等),整合职业院校、企业、职业培训机构、科研机构的资源,形成教学、研发、生产一体化的聚合体。这既可促进科、教、产一体化互动发展,又可使学生在教育教学过程中直接参与实践过程,在校学习的同时,直接融入社会实践。

**(二) 围绕职业教育体系建设,中高职衔接的培养方向定位**

随着中原经济区和郑州航空港区对高技术、技能型专业人才的需求,我们需要不断完善高职教育体系,即高职教育以培养高级工程型、技术型应用人才为主导;省属中职学校以培养中高级技术型、技能型应用人才为主导;各地方中职学校和职教中心以培养普通技能型应用人才为主导。三块并举,以满足我省区域经济发展、产业结构调整和企业转型升级,满足中原经济区和郑州航空港区建设发展迫切需要的大量工程型、技术型和技能型应用人才的培养需要,不断提高社会就业质量和社会就业力。

**(三) 围绕职业教育结构调整,中高职衔接的生源渠道定位**

我省职业教育投入低产出的一大原因就是生源问题。省属学校之间,省属学校与地方学校、地方职教中心之间,为了争夺生源而重复建设,低效利用,层层设防,画地为牢。因此,中高职衔接所面临的生源问题亟待解决。

建议全省统一规划,将生源渠道定位,即高职院校招收高中毕业的统招生;省属中职学校以招收初中毕业的"3+2"制大专生(或五年一贯制大专生）为主；市、县中职学校或职教中心以招收初中毕业的普通中职生为主。

**（四）围绕区域经济发展和产业结构调整，中高职衔接的专业模式定位**

目前，省属、地市、县级各中等职业学校和职教中心，甚至有一些国家级重点中专学校，为追随社会需求，新设专业追风，没有进行科学合理的专业论证和可行性分析，脱离本校自身实际，在缺少师资条件、实训设施，无完整的教学计划，甚至没有向上级主管部门备案的情况下，就大张旗鼓地宣传，高成本招生，开设新专业。例如：学前教育专业，目前，全省几乎所有省属、地市各中等职业学校，乃至县级职教中心都开设有该专业。再如：前两年郑州地铁开建，很多省属和郑州市的职业院校不约而同，在不具备开办相关专业的教学、实训、师资、课程等条件的情况下，相继开设城市轨道交通运营管理相关专业，结果造成生源紧张，资源浪费，教学质量低下，学生技能较差，学生严重流失，学生毕业时无法联系到对口的企业实习、就业。

# 对构建我省现代职业教育体系的几点思考

河南省民政学校　王晓旭

我省自实施职业教育攻坚计划以来，职业教育发展迅速，职业教育服务地方经济社会发展的能力日益增强，职业教育在整个教育体系中的重要性也越来越凸显。但是，我省职业教育在发展的过程中也存在一些问题，其中职业教育体系不健全就是急需破解的一个难题。党的十八大明确提出要加快发展现代职业教育，这既是党中央对职业教育改革发展的新要求，同时也为我省职业教育发展指明了方向。我省是人口大省，要把人口压力转化为人力资源优势，必须大力发展现代职业教育，创新机制，构建现代职业教育体系。《河南省人民政府关于创新体制机制进一步加快职业教育发展的若干意见》(豫政〔2012〕49 号)提出："积极构建适应经济发展方式转变和产业结构调整，体现终身教育理念、职业教育特点，中等和高等职业教育协调发展，外部开放、横向融通、纵向贯通的现代职业教育体系。"这就是对我省未来职业教育体系的总体描述，为我们发展新时期职业教育绘下了美好蓝图，对职业教育体系的构建提出了总体要求。围绕这个要求，笔者将对我省现代职业教育体系的构建谈几点看法。

## 一、现代职业教育体系的构建,要突出一个“适应性”

适应性,即要与时俱进,适应经济社会发展,培养德才兼备的现代技能型人才。

一是要适应经济社会发展。当今经济社会发展日新月异,职业教育也要适应经济社会发展的需要不断更新完善。十八大报告提出,要“把立德树人作为教育的根本任务,培养德智体美全面发展的社会主义建设者和接班人。全面实施素质教育,深化教育领域综合改革,着力提高教育质量,培养学生社会责任感、创新精神、实践能力”。这些阐述既赋予了党的教育方针新的内涵,突出体现了科学发展观和以人为本的思想,同时也为现代职业教育发展指明了方向、提出了新的要求。现代职业教育培养的应当是现代技能型人才,即培养出来的人才不仅要有与经济社会发展相适应的现代技能,也要具备与经济社会发展相适应的职业素养,特别是要具有良好的职业道德、社会责任感、创新精神和实践能力等。因此,现代职业教育在着重培养职业技能的同时,还要立足职业素质的养成,培养德智体美全面发展的新型技能型人才。

二是要适应用人单位需求。事实证明,用人单位真正欢迎的人才,是在拥有高技能的基础上有着良好职业素养的人才,可以说决定一个技能型人才长远发展和最终成就的,不是传统意义上的技能,而是其职业素养。因此,我们要与时俱进地树立现代职业教育理念,使人才培养真正做到职业技能和职业素养的有机统一,努力实现人的全面发展和可持续发展,使培养出来的人才成为真正的可用之才,主动适应经济社会对技能型人才的需求。

因此,职业院校在培养学生具备职业活动所需的基本专业知识与技能的同时,要加强对学生的职业素养教育,通过一定的教育措施使学生养成良好的职业修养，形成良好的职业习惯，如社会责任感、社会适应能力、独立思考问题和解决实际问题的能力、创新能力等等。因此，我们一方面要将职业素养教育融入教育教学的全过程，以课堂为载体，培养学生的职业素养；另一方面可以通过社会实践和校企合作加强职业素养教育。通过社会实践和校企合作，学生可以把在课堂和日常生活中掌握的职业素养运用到实践中，在实践中践行爱岗敬业的素质、纪律观念、沟通能力、合作能力、应变能力、踏实肯干的精神等，达到学以致用、知行统一，同时发现自己的不足，从而在今后的学习和生活中有针对性地予以修正，不断完善自己。此外，职业院校还要建立有效的评价体系，对职业素养教育进行切实有效的保障。建立的评价体系要改变以往只考评专业知识、技能的做法，应将职业素养教育成果很好地纳入其中，丰富评价内容，突出职业素养教育的内涵，学生的德、智、体、美、劳等各方面的表现都要纳入评价系统，从而实现知识、能力培育与职业素养培育的有机统一。

## 二、现代职业教育体系的构建，要突出一个“开放性”

开放性，即做好校企合作，建立长效机制，实现校企共同发展。

一是校企合作要密切深入。校企合作一直是职业院校谋求自身发展、实现与市场接轨、大力提高育人质量、有针对性地为企业培养一线实用型技术人才的重要举措。近几年，不少职业院校在校企合作方面进行了卓有成效的探索，为技能型人才培养积累了宝贵的经验。但是，多数职业院校在校企合作方面仍然存在着一些问题。一方面，有的职业院校对校企合作的重视程度不够，往往是以扩大学生就业为目的，简单地把学生推给企业，学校与企业缺乏必要的沟通。另一方面，一些企业对校企合作的认同性不高。

企业简单地把职业院校视为人才制造工厂和人才招聘场所,偶尔来学校开场人才招聘会或选聘几名员工,之后就与学校很少沟通,对学生培养质量的反馈也少,很难再为学生提供进一步学习与发展的空间,使得学生与企业联系不够紧密、对企业忠诚度不太高,人才流失严重。可以说,这种形式单一、不深入、不紧密的合作方式,影响了校企合作成效的发挥。

二是校企合作要建立长效机制。校企合作的成效不是一朝一夕促就的,就目前来说,校企合作受益较多的一方是学校,而学校主动服务企业的意识不强。学校不仅在专业设置上没有考虑到企业之所需,在教学内容上,也因与企业缺乏沟通,新知识、新技术、新设备、新工艺等不能及时纳入教学,使得培养出来的学生针对性不强,不能很快适应企业的需求。此外,对学生职业技能、素质的评价,也主要是学校自己来做,这种评价标准、方法、结果很难为社会、企业、用人单位所认同。加之政府对参与校企合作的企业缺乏有效的鼓励支持政策和保障,因此有些企业参与校企合作的热情不高,这制约了校企合作长效机制的建立与完善。

因此,职业院校必须紧跟市场需求,“急企业之所急,培养企业之所需”,与企业进行深入而密切的交流与合作,概括来说,职业院校要形成以校企合作为基础、以产学研结合为支撑的新的办学机制和新的人才培养模式,这样培养出来的技能型人才才能符合企业及社会需求,真正实现职业院校与企业的双赢。

## 三、现代职业教育体系的构建,要突出一个“协调性”

协调性,即中高职衔接,构建人才成长“立交桥”,探索现代职业教育新模式。

一是做好中高职衔接。近年来,虽然随着经济社会的发展,职业教育的重要性越来越凸显，但是，由于职业教育体系存在着内部、上下不畅等问题，使得职业院校，无论是中职还是高职危机持续加深。中高职衔接好了，既可以拉动中职学校招生，又能够扩大高职招生资源，可以说是一举两得。福建省 2013 年中等职业学校推荐应届毕业生免试入读高等职业院校试点方案已于 2013 年 1 月18 日出台，方案明确指出符合条件的中职应届毕业生将可以免试入读高职院校，这很好地实现了中高职院校人才培养对接，在中高职衔接方面做出了积极的尝试。

二是畅通人才成长“立交桥”。对之前职业学校的学生来说，“到顶学历”是高职，在学历上难有突破，这已成为职业学校发展的瓶颈。因此，要构建人才成长“立交桥”，畅通职业学校学生的升学通道，打破职业教育是终结教育的瓶颈，整体设计技能型人才培养模式，提升职业教育服务地方经济社会发展的质量和水平。目前，已有不少省份做出了尝试。2012 年 12 月 17 日，山东省人民政府召开全省职业教育工作会议，孙伟同志出席会议并讲话，他指出现代职业教育体系的核心就是打造“上下贯通、内外衔接”的“大职教”体系。职业学校学生可以根据需求上应用型本科学校，攻读专业硕士、专业博士学位，成为高技能的应用型人才。

2013 年 1 月 13 日，湖北《楚天金报》报道，从武汉市“两会”上传出的消息，到 2015 年，武汉市将打通中职学生的升学通道，建立职业教育“中职（技校）——高职（技师学院）——应用本科——专业硕士”的人才培养模式。中职学生毕业后，也能像普通高中的学生一样升本科、读硕士，这也将为初中生打造另一条“高考之路”。为此，武汉市将推动举办应用型本科院校，发展研究生教育，满足中职学生继续读本科、硕士的需求。

这些做法都在做好中高职衔接、畅通人才“立交桥”方面做出了积极的尝试,有的已经取得了很好的成效。以上这些经验有利于我们根据实际情况,逐步打造符合我省省情的"中职——高职——应用本科——专业硕士"的完整的职业教育体系。

## 四、现代职业教育体系的构建,要突出一个"公益性"

我省大力发展职业教育,出台了一系列政策措施来确保职业教育的发展,对发展职业教育的重视可见一斑。中职教育免学费政策、助学金政策等就是典型的保障措施。可以说,近些年,职业教育的公益性事业属性越来越明显,因此,一些人认为,把职业教育面向市场开放办学,等同于简单地推向市场,甚至提出所谓的"断奶",这与职业教育整体发展潮流是不相符合的。

目前,我省正处在建设中原经济区的关键时期,要发展先进制造业和现代服务业,不大力发展职业教育,不依靠大量的应用型、技能型人才作为支撑是难以实现的。可以预测,作为经济社会发展的重要引擎,职业教育必将在我省新一轮的跨越式发展中扮演更加重要的角色。在各级各类教育中,职业教育更快发展应该是今后几年的重要特征。因此我们要按照《河南省人民政府关于创新体制机制进一步加快职业教育发展的若干意见》的要求,增强责任感、使命感,牢牢抓住历史机遇,以改革创新的精神,加速度,快步伐,主动适应产业转型升级,推动现代职业教育加快发展,科学发展,满足经济社会发展和人民群众对多样化教育的需求,为我省建设中原经济区、实现中原崛起做出应有的贡献。

# 现代职业教育体系功能定位:直接服务于经济社会发展

周口科技职业学院　李海燕

现代职业教育与经济社会发展密切相关,已成为社会生产力不可分割的重要组成部分。与普通高等教育相比,现代职业教育直接服务于经济社会发展,它的重要特征是培养能够直接创造社会财富、提供社会管理与服务的专业技术人员。现代社会的快速发展决定了它必然需要现代职业教育提供人力资源支撑。

探索具有河南特色的现代职业教育体系,加快发展现代职业教育,更好地服务于中原经济区建设,这是河南的职业教育界同仁必须面对的重大课题。河南的职业教育,就是为河南的经济社会发展服务的,就是为河南人民的福祉服务的。我们要在新的历史条件下,认清职业教育的功能与定位,认清自己的职责与使命,在党和国家大政方针的指引下,分析形势,研读文件,抓住机遇,克服困难,努力构建符合中原经济区建设需要的职业教育体系。

结合周口科技职业学院的发展情况,笔者谈几点想法与意见,供大家参考。

## 一、以促进经济社会发展为导向，审时度势，与时俱进，做好职业教育发展的顶层设计

中原经济区建设是我们河南当前建设发展的时代背景。国务院出台了《关于支持河南省加快建设中原经济区的指导意见》（国发〔2011〕32号），这既为河南人民描绘了光辉的前程，同时也为河南的职业教育发展指明了前进的方向。以此为契机，我院审时度势，与时俱进，在新的时代背景下重新定位职业教育，集思广益，深入做好顶层设计。宏观上，在发展理念与动力、办学目标与方向、育人方法与途径、师资培训与队伍建设等方面形成系统的、操作性强的方法措施，让这一套系统真正发挥作用，全面指导学院科学发展，以培养中原经济区建设急需的专业技能型人才，直接服务于中原经济区建设。微观上，在教研教改、学生职业生涯规划、专业技能训练、各种能力培养培训、身心健康发展等人才培养的具体层面进行高起点规划、高标准要求，与中原经济区建设的人才需求直接对接，以满足中原经济区建设对实用型、技能型人才的需求。

在更科学的层面上，我院把人才培养理解为一个与社会发展需要直接相关的、整体的、动态的发展过程，充分认识过程，深入把握细节，全面把握人才培养规律，自学生入校之初到毕业的整个人才培养培育过程，都进行全面深入的规划。在新规划的基础上重新倾注人力、物力、财力，配强师资队伍，增设新的实训设备，提高人才培养质量，服务于河南经济社会发展。

## 二、以培养直接服务企业生产的高技能型人才为导向，专业体系与产业体系直接对接，校企合作，“订单培养”

河南的职业教育是建设中原经济区的重要力量。我们所培养

的各级各类人才,必将工作在生产、管理、服务等领域的第一线,全面融入到中原经济区的建设过程中去。培养企业生产需要的高技能型人才,需要我们所开设的专业体系与产业结构直接对接。我院所选择开设的专业,都是经过充分的、科学的市场调研和论证的,具有较强的实用性和广阔的就业前景。专业所开课程,直接与企业生产、社会管理与服务对接。学生在学校里所学的知识和训练的技能,正是企业生产直接需要的知识和技能。在专业体系与社会产业体系直接对接的同时,我们广泛开展校企合作,实行"订单培养"。我们与郑州富士康、烟台富士康、深圳富士康、江苏昆山创维集团、上海达丰电脑有限公司、河南科信电缆有限公司、周口六通汽车修理厂、周口 28 家 4S 店和部分国内德资企业等企业合作,有针对性地培养人才。我们开设了郑州富士康专班、中德班、科信电缆班、4S 店汽车营销班、奇瑞汽车维修班、郑州航空港物流班、周口亿星集团物流班来培养服务于企业生产的高技能型人才。我们的培养途径与方式都与社会生产、管理与服务直接对接。社会发展的需要正是现代职业教育的发展动力,直接以满足社会发展需要为目的和途径,增强了人才培养的针对性。

## 三、以培养社会需要的合格人才为宗旨,尊师重教,紧抓师资队伍建设,提高教育教学质量

如果把当代职业教育体系理解为经济社会发展所需要的直接动力,那么职业院校的教师正是这股直接动力之源。中国有句古话叫作"授人以鱼,不如授人以渔",职业院校的教师正是"授人以渔"的传授者。加强师资队伍建设,提高育人质量,这是职业教育人才培养的重要环节,是为经济社会发展创造财富的智能动力基础。

社会发展日新月异,经济形势一日千里。我院深刻意识到教师与时俱进、不断学习的重要意义。近几年来,我院先后选派70名专业课教师分期分批到省内外35所高校参加国家级、省级骨干教师培训,提高他们的专业理论知识水平和职业素养;选派80多名教师到27家企业进行实践锻炼,提高他们的生产管理经验和专业动手能力,把他们培养成真正合格的"双师型"教师;分期选派3名校级领导和9名专业教师到德国学习先进的职业教育管理经验和专业知识,开阔他们的视野,提高他们的创新能力,为学院下一步的发展奠定坚实的基础。

在日常工作中,我们通过创设机制、提供场所、讲课大赛、物质奖励等形式引导广大教师积极学习、不断学习,建立组织进行集体学习,营造学习氛围,丰富知识与技能,提高能力与品位,形成一股非常浓厚的学习文化氛围。在全体教师不断学习的过程中,为人才培养注入新的活力。

## 四、以培养德才兼备的高技能型人才为目标,注重学生综合素质的培养和提高,真正满足社会发展对人才的多重需要

就技能型人才本身的特征来说,德才兼备,全面发展,一专多能,具有良好的品质和能力,具有继续发展的潜力,这是他们得以在社会上干事创业的基础。

培养德才兼备的高技能型人才,需要良好的文化环境。我院在着力培养学生的职业能力和专业技能的同时,努力创建浓厚的文化环境,立德育人,使学生身心得到全面发展。我院通过持续开展专家大讲堂、国学文化讲座、思想政治教育讲座、入党积极分子培训讲座、创业技能培训讲座、职业生涯规划教育讲座等,使学生树立正确的世界观、人生观、价值观,丰富他们的知识,开阔他们的

思维和眼界;通过开展学雷锋活动、团日活动、青年志愿者活动,举行护士节授帽传光仪式,与当地学校对口帮扶等,提高他们的思想道德品质;通过开展“我的中国梦”演讲比赛、健美操大赛、硬笔书法比赛、各类球赛等文体教育形式,全面渗透、影响他们的身心发展,培养他们拥有意志坚定、为人诚信、作风务实、团结协作、敢于担当等优良品质。这不仅能满足他们的求职和工作需要,更能满足他们继续发展和全面发展的需要,满足社会对高素质人才的需要。

## 五、以特色发展为途径,树立品牌,培养特色,引领示范当地职业教育发展

把职业教育办好,必须建立自己的品牌和特色,通过培养特色树立品牌,打造王牌,形成核心发展能力,以成熟的、成功的发展模式为当地职业教育发展的楷模和榜样,在当地职业教育发展中起引领、示范作用。

2007年,“周口海燕技工”被评为全国优秀劳务品牌,受到社会各界的充分肯定。近年来,我校充分认识到特色发展、示范发展的重要意义,结合中原经济区建设需要,努力打造新的特色和品牌。经过多年的努力,我校建成了一个国家级高技能型人才培训基地,一个国家级改革发展示范学校,两个省级示范实训基地,两个省级品牌专业、两个省级特色专业建设点,一个省级全民技能振兴工程万人培训基地,一个省级全民技能振兴工程高技能型人才培训基地。这些实训基地和专业建设点形成一个特色专业建设群,在当地职业教育体系中起到示范、辐射和带动作用,与本地各职业培训机构资源共享,优势互补,共同形成一股强大的合力,共同支持中原经济区建设,服务于河南的经济社会发展。

# 开放融通的现代职业教育体系初探

河南信息统计职业学院　孙鸣浦

## 一、构建现代职业教育体系的指导思想

党的十八大以科学发展观为统领，把教育摆在改善民生和创新管理中加强社会建设之首，要求“办好人民满意的教育”。这为深化职业教育的改革发展，构建现代职业教育体系提供了重要的认识论指引。

坚持科学发展首先要遵循事物发展的规律。职业教育作为教育与职业连接的主要桥梁之一，既有教育的一般属性，也有与职业相对应的产业属性，是面向生产和服务一线、培养技术技能型人才的教育类型。以科学发展观为统领，遵循职业教育发展规律，深化职业教育改革，构建现代职业教育体系，就要紧扣职业岗位的“知识＋技能”的要求，为职业岗位的技术技能型人才提供终身化的、可持续发展的教育。

职业教育不仅要实现国家和政府的发展目标，还必须把增进人民的福祉摆在职业教育建设和发展的首位。就业是民生之本，职业教育改革和发展的深化，现代职业教育体系的构建，仍然必须坚持为增强人民群众的就业能力服务，以实现人民群众的就业愿

望。

构建现代职业教育体系是一项重大的社会建设改革，是重要的制度和管理创新。要革除"行政化"的办学体制弊端，形成以政府主导办学为主，全社会积极参与，管、教、评分离，政府、社会、办学主体和教育受众共同治理的职业教育发展格局，重塑政府、学校、社会的关系。

只有在这样的思路和理念引领下来设计未来职业教育的发展方向，才能使职业教育满足人民群众的愿望和要求，实现职业教育在全面建设小康社会，促进工业化、信息化、城镇化、农业现代化同步发展，提升国家核心竞争力中的基础、保障和支撑作用。

## 二、建立"以课程为中心、以技能等级为本位"的职业教育体系

我们现行的职业教育体系是"以学校为中心、以学历为本位"的，是按照中职中专、高职高专等学历层次教育构建起来的。这种教育体制将学校和学历设定为职业教育的价值取向和最终目标。受"以学校为中心、以学历为本位"的影响，职业教育背离了其本质属性，造成学校教育与产业经济发展的脱节，教学与实际工作岗位要求的脱离。这是职业教育与经济社会发展存在诸多不适应的本质要害。

构建"以课程为中心、以技能等级为本位"的职业教育办学体制，即以培训计划和培训课程所达到的行业（岗位）技能（执业）等级为标准，将培训和教学分为不同的层级；以教育受众经培训考核所达到的行业（岗位）技能（执业）标准为依据，确定受教育者所达到的技能（执业）等级；职业教育和职业能力直接衔接，初、中、高等职业教育相互融通的开放的职业教育体系。这一职业教育体系应

包含以下要点:

第一,淡化和打破原有的中职、高职学校的等级设置,以教学和培训所达到的行业(岗位)技能(执业)标准水平来确定职业教育或培训等级。在职业教育的概念中,只有培训课程等级的差别,没有学校等级的不同。

第二,淡化和打破原有的受教育者学历等级的设置,以受教育者培训后,经专业技术能力考核所达到的行业(岗位)技能(执业)标准确定受教育者所达到的技能(执业)等级。在职业教育的概念中,只有专业技术等级的不同,没有学历的不同。

第三,实行管、教、评的分离,建立政府、行业、学校和培训机构广泛参与的职业教育发展格局。政府着力于职业教育法制、制度和机制建设,打通职业教育受众学业上升的通道,提供服务;岗位执业标准制定、教育培训条件和水平的评价、受教育者岗位执业能力鉴定等则由专业的社会组织承担。

第四,凡有条件和办学水平符合要求的学校或培训机构,都可以开办相应层级的职业教育,使职业教育在办学体制和层级上呈现出开放性、融通性和灵活性,以满足不同学习者的需要和目标,实现人民群众追求高层次教育的梦想。

## 三、"以课程为中心、以技能等级为本位"的职业教育体系的实现路径

构建现代职业教育体系是一项重大的社会建设改革,是重要的制度和管理创新。要将对现代职业教育体系的思考置于社会发展变革的大背景下,更新观念,登高望远。就职业教育论职业教育只能是修修补补,不能从根本上摆脱职业教育所面临的困境。

第一,转变政府职能,简政放权。政府主管部门负责制度的设

定、办学资格的审核、课程标准的审定，规范和协调职业资格专业机构、职业教育和培训机构、行业管理机构建立技能教学和职业技能等级鉴定质量保障体系，协调它们在职业教育和培训、岗位执业技能考核和鉴定中的关系。

第二，建立职业资格管理专业机构，指导行业制相应的行业（岗位）技能（执业）等级标准，负责职业技能的考核和鉴定，指导行业制订执业技能教育培训课程计划并制定相关课程标准，受政府委托对职业教育办学机构的办学条件和教学水平进行定期考核和评价。

第三，在职业教育人才培养模式的改革中，确立产业和行业在教育培训课程计划的制订和相关课程标准的制定中，在职业（执业）技能标准的编制和制定中，在专业教学、课程设置和开发中，在实习实训中的主导作用；在专业的职业资格管理机构的指导和帮助下，建立现代学徒制度；为职业教育培训机构提供有实际岗位工作经验的教师；为岗位执业技能考核和鉴定提供企业现场考评服务。

第四，职业教育和培训机构加强自身基础办学能力建设，加强专业建设和特色建设，按照教育培训计划和教育培训课程标准的要求实施教学和培训；建立日常岗位实践能力评价机制；不同的教育和培训机构对学生以往的学习成果相互认可，为职业教育受众提供高质量的职业教育和培训服务。

## 四、构建“以课程为中心、以技能等级为本位”的职业教育体系的实现意义

2012 年 12 月 18 日，鲁昕同志在《深入推进教育体制改革试点工作，完善职业教育国家制度体系》中指出：加快发展现代职业

教育,建设现代职业教育体系,要在更新理念、适应需要、科学规范、运行有效、符合规律、突出特色、保障有力、人民满意八个方面取得新的进展。笔者认为,构建"以课程为中心、以技能等级为本位"的职业教育体系的实现意义主要体现在以下五个方面:

第一,"以课程为中心、以技能等级为本位"的职业教育体系将现代职业教育体系的构建置于社会建设改革和管理创新的大思路下来考虑,实行管、教、评的分离;建立职业资格管理专业机构,发展第三方职业教育评价;发挥产业和行业在职业教育人才培养模式改革中的主导作用等制度设计改变了政府、学校、行业的关系,形成了政府、学校、社会共同参与的新型职业教育治理结构。

第二,改变了传统的对职业学校等级的认识,使职业学校和培训机构除课程等级外没有其他等级的划分,有利于革除"行政化"的办学体制弊端;改变了职业教育"学历化"的观念,使职业教育回归其"职业性"的本质属性。

第三,改变了职业教育以学校为主导的办学方式。现行的职业教育人才培养模式改革主要是政府和学校为主导,企业多是隔岸观火,校企合作更是学校"剃头挑子一头热"。"以课程为中心、以技能等级为本位"的职业教育体系在制度设计上确立行业在职业教育培训教学中,在实习实训中,在职业技能标准的编制、制定和鉴定中的主导地位,实现了职业教育和产业的直接对接。

第四,"以课程为中心、以技能等级为本位"的职业教育体系是一个开放的体系。它不再是以学校的等级定教育培训的等级,而是以具备开设相应等级课程条件的能力确定教育和培训的等级,并且这个等级不是一成不变的,凡符合相应条件、有能力的学校或培训机构,都可以开办相应层级的职业教育。

第五,实现了各层次职业教育的内部贯通。当受教育者完成了较低一级的课程，取得了相应的技能等级，只要他有意愿，就可以参加较高一级的课程培训并考取较高的技能等级。在不同教育和培训机构中取得的学习成果，都能得到彼此的承认，这提高了职业教育受众的可持续发展能力。

# 现代职业教育体系构建研究

河南省医药学校　左淑芬

自20世纪80年代以来,职业教育结构就成为我国职业教育发展的焦点问题。在新世纪教育改革和发展的新背景下,明确现代职业教育的培养目标,构建、健全现代职业教育体系已经成为现代职业教育科学发展的必然要求。本文在相关政策背景分析的基础上,分析了现代职业教育体系的特征、存在的不足,并提出了相关构建的设想。

## 一、职业教育体系的政策背景和特征

逐步建立现代职业教育体系是党中央和国务院关于职业教育的一项重大战略决策。早在1985年《中共中央关于教育体制改革的决定》就提出要“调整中等教育结构,大力发展职业技术教育”。1996年颁布实施的《中华人民共和国职业教育法》又明确规定:“国家根据不同地区的经济发展水平和教育普及程度,实施以初中后为重点的不同阶段的教育分流,建立、健全职业学校教育与职业培训并举,并与其他教育相互沟通、协调发展的职业教育体系。”2002年,《国务院关于大力推进职业教育改革与发展的决定》明确提出“力争在‘十五’期间初步建立起适应社会主义市场经济体制,与市场需求和劳动就业紧密结合，结构合理、灵活开放、特色鲜明、自主发展的现代职业教育体系”。2005年，《国务院关于大力发展职业教育的决定》又明确指出“进一步建立和完善适应社会主义市场经济体制，满足人民群众终身学习需要，与市场需求和劳动就业紧密结合，校企合作、工学结合，结构合理、形式多样，灵活开放、自主发展，有中国特色的现代职业教育体系”。2010年，《国家中长期教育改革和发展规划纲要（2010～2020年）》提出：“到2020年，形成适应经济发展方式转变和产业结构调整要求、体现终身教育理念、中等和高等职业教育协调发展的现代职业教育体系，满足人民群众接受职业教育的需求，满足经济社会对高素质劳动者和技能型人才的需要。”2013年，党的十八大报告中提出要健全现代职业教育体系。

从上述文献我们可以看出：建立和完善现代职业教育体系是近10多年来国家一直关注的一个核心问题，而明确现代职业教育体系的内涵，是探索构建现代职业教育体系的重要前提。从上述文献我们还可以概括出现代职业教育体系的基本特征：一是系统性，这个系统是开放的，既有系统内部中高职教育的统筹、合作和对接，又有职教培育人才对市场需求、劳动就业等不断发展变化的外部环境的适应性；二是职业教育应该以人的终身发展为本，体现终身教育的理念。

## 二、当前职业教育体系存在的问题

在国家政策的引导和扶持下，各地进行了有益的尝试和探索，初步建立了具有中国特色的现代职业教育体系，但这一体系仍存在诸多问题。

**（一）职业教育与其他类型的教育的界定不够清晰**

21世纪初，面对我国教育改革、发展的历史性战略课题，中共十六大报告明确地提出构建“现代国民教育体系”这一教育改革和发展的重大战略目标，但教育体系中的结构问题并没有及时引起高度重视，导致了现代国民教育体系包括五个方面教育和三项保障机制的论断。但是关于五个方面教育的解释却是义务教育、基础教育、高等教育、职业教育、成人教育。这一解释使层次、类型、概念交叉重叠、纠缠不清（义务教育与基础教育基本重合，高等教育、职业教育、成人教育也是你中有我、我中有你），为清楚认识和界定这些教育领域带来诸多困扰。另外，职业教育体系中高职教育之外的向上、向下的延续界限不清晰，比如高等职业教育向上与高等教育交叉部分的本科、研究生教育，学位、学历教育之外的诸如培训、继续教育之类中，哪些属于职业教育范畴，应该有更加清晰的界定。

**（二）未能明确体现终身教育的理念**

现代职业教育体系所体现的理念应当是终身教育，但目前的中高职教育并没有体现出终身教育的特点，而更多地表现为终结性教育。因为中高职学生向上提升学历的通道十分狭窄，所以绝大多数中高职学生一毕业便选择进入工作岗位，即使有人选择了成人教育和函授教育等继续教育形式提升学历，但也只是部分人的主观选择，教育机构或者有关官方部门也未能提供更多丰富和明确的选择，中高职学生毕业即就业的现状，凸显了职业教育缺乏延展性，体现不出其终身教育的理念。

**（三）各地职业教育未形成规模和成熟体系**

各地公办、民办职业学校开设类似专业，不但相互争抢生源，造成教育资源的分流和弱化，而且这种小而散的教育资源分配形态还会制约职业教育规模化和完善体系的构建。

**(四) 职业教育在民众中的地位不高**

国家在劳动人事政策上一直有重学历、轻能力的观念。以儒家文化为核心的土壤,衍生了当代极度膨胀的学历主义和文凭主义。人事分配政策中重学术、轻应用,重普教、轻职教的思想居主导地位。人才的类型有学术型、工程型、技术型、技能型,前两类是普通教育的产品,其毕业生由人事部门管理;后两类是职业教育的产品,学生毕业后由劳动部门管理,分流后自然分别进入干部和工人的管理序列,从此他们将面对不同的工资与岗位升迁。20 世纪 80 年代以后,工人和干部的政治待遇和工资水平差距进一步拉大,如果不从根本上解决技术、技能型人才的政治、经济待遇,职业教育将会永远遭受歧视。这就是学子们为何千军万马争过独木桥的原因,也是我国职业教育滑坡的根本原因之一。

**(五) 行业、企业参与不足**

职业教育体系中,企业未充分参与其中,对人才培养未起到积极的作用,造成职业学校课程设置、学生技能掌握与生产实际有不同程度的脱节。

## 三、现代职业教育体系构建设想

**(一) 体系设想**

职业教育要完成层次上的延伸,并且要明确各层次上哪些教育类型属于职业教育体系范畴。首先,向上延伸,本科生、研究生等高层次人才培养中哪些专业教育类型属于高端职业教育,比如 MBA 实质上属于高端技能培训,这样的高端职业技术教育不仅要有,还要做好宣传,让人明白职业技术教育不仅仅是培养普通技术、技能型工人,是低工资、没前途的代名词,它做到的高度能与高等教育相媲美;其次,向下延伸,可以借鉴美国"社区学院"的经验,积极探索社区职业教育模式,以构建终身教育体系为目标,以社区教育为载体,努力探索社区内学校教育、成人教育和社会教育互动发展的路子。实施教育内容实用、教育对象无年龄限制、面向社区成员、以促进人的发展为原则的各种各样的社区教育,满足和解决人们各种各样的教育需求和社会问题,这样既能贯彻职业教育为终身教育的理念,又能扩大职业教育体系的外延;最后,向四方延伸,职业教育要为各类职业人提供继续教育、技能提升、转岗和转行培训的机会,以提升其职业能力。

**(二)树立"大职教"观念,集约发展职业教育模块**

要充分发挥政府的主导作用,针对目前职业学校小而散、专业设置重复等问题进行宏观调控,整合优质教育资源,将专业相同、近似的职业学校整合,建成特色专业职教模块,在不同的专业模块里有相应的政府部门、企业、行业协会参与,统一建设实训基地,统筹安排课程体系、专业设置和教学课程等,用"大职教"的观念集约发展职业教育模块,形成大型特色专业的技术、技能型人才培养基地。职教规模扩大了,人才质量提升了,培养的人才待遇就会提高,职业教育的社会地位自然就会逐渐提高。

**(三)建设好两个"立交桥"**

首先,建设好中高职教育互通有无的"立交桥",扩大通道,畅通交流,使两者在人才培养时避免课程重复、目标含糊的弊端;其次,建设好学历教育和中高职教育的"立交桥",学历教育和职业技能教育要互相敞开大门,学历教育内容中机械重复的内容比较多,容易造成学生高分低能、动手能力差;职业技能教育以动手为主,专业理论知识欠缺。两者若能互相渗透,取长补短,共同创新发展,必将有利于双方互利共赢。

**（四）打破技术、技能型人才的体制壁垒**

发挥政府的主导作用，针对职业教育受歧视的现状，改变劳动人事政策重学历、轻能力的观念，抛弃重普教、轻职教的思想，打破相关体制壁垒，为职业教育发展扫除障碍。

**（五）加大行业、企业的参与力度**

目前，职业教育课堂教学与生产实际相互脱节的问题已经引起了广泛的关注，各种职教集团、行业指导委员会应运而生，这都为职业教育发展创造了有利的条件。职业学校可以借助职教集团平台，充分发挥行指委的作用，加大校企合作力度，推进职业教育发展。

综上所述，构建现代职业教育体系，既要与时俱进，把握现代行业背景、职教现状，又要结合职业教育特点，从大处着眼，这样才能使职教体系宏观、科学、系统、可行。

# 构建现代职业教育体系的探索与思考

## ——以河南财政税务高等专科学校为例

河南财政税务商等专科学校　王振华

## 一、构建现代职业教育体系的意义

### (一)构建现代职业教育体系是推动经济发展方式转变、促进产业升级的迫切需要

职业教育是各类教育中与经济发展最密切、最直接的教育类型。高等职业教育作为我国高等教育的一个教育类型,与普通教育的主要区别是,它可以为区域经济和社会发展培养生产、管理、服务等第一线工作的高素质、高技能、应用型和创新型人才。职业性是高等职业教育的一个显著特征。促进产业结构调整和产业升级,转变经济发展方式是我国当前的经济工作重心,这迫切需要一大批既熟悉基础理论知识,又有较强实践能力的高素质技能型人才。区域服务性是高等职业教育的另一个特征。建设现代职业教育体系,应依托该区域经济发展的实际情况,特别是该区域经济发展的特色,紧紧围绕区域发展对人才的需求,不断深化人才培养模式改革,在发展定位、办学目标、专业设置等方面进行改革实践,不断提高人才培养质量,增强人才竞争力,提升人才服务区域经济发展的能力,为推动经济发展方式转变、促进产业结构升级提供强有

力的人才保障。

**(二) 构建现代职业教育体系是满足人的自身发展和成长成才的客观需要**

现代职业教育体系的特征还体现在"适应需求"方面。这是现代职业教育体系与目前的职业教育现状相比又一显著特征。"适应需求"要求现代职业教育必须满足人的自身发展和成长成才的需求,"适应需求"既是在终身教育理念下的适应,也是经济社会发展和对人的全面发展的需要在高等职业教育中的体现。终身教育是人的全面发展和多元化学习的必要条件。在终身教育理念下构建现代职业教育体系,更有利于发挥职业教育在服务区域、促进就业和改善民生等方面的积极作用。截至 2013 年 6 月,全省共有高职院校 69 所,在校生人数已占全省高校人数的半壁江山。职业教育已成为促进河南经济发展的重要力量,这一方面要求高等职业教育依托当地经济发展和行业发展,明晰人才培养目标,科学设置专业,合理开设课程,有针对性地培养人才,促进人才在职业能力上的可持续发展;另一方面要求在坚持学历教育的同时,加强在职培训与业余教育,搭建职前教育和职后教育相互衔接的多元立交的人才成长"立交桥",满足人的成长需要。

**(三) 构建现代职业教育体系是实现职业教育持续、健康、科学发展的必然要求**

构建现代职业教育体系不仅要在转变经济发展方式、促进产业升级和满足人的自身发展和成长成才方面发挥积极作用,还要根据学校的自身特点,找准高等职业教育在服务区域经济中的发展定位。"职业性"的特点决定了高等职业学校的办学定位必须清晰,特色必须鲜明,才能实现职业教育持续、健康、科学发展。从 20 世纪 90 年代开始,我国职业教育改革与发展的速度明显加快,为经济社会发展输送了大量专业素质好、综合素质高、实践能力强的人才,职业教育事业在改革与探索中不断进步。但目前职业教育理念和人才培养目标定位模糊,求大求全,专业设置多,特色不鲜明,适应性不强。人才培养和社会需求、区域经济发展存在严重脱节,不能满足社会需求的急剧增长对高素质人才的要求。因此,高等职业教育必须坚守高职类型,坚持以就业为导向,在区域经济社会发展上找准定位,立足在某个层次上,用更多的精力办出特色,提高学生全面发展和终身学习的能力,构建现代职业教育体系,服务地方经济建设,实现职业教育持续、健康、科学发展。

## 二、高职院校构建现代职业教育体系的实践

### (一) 依托行业优势,服务区域经济,彰显办学特色

高职院校的主要功能是围绕区域经济和社会发展培养高技能型人才、加强本地化高技能型人才的培养、服务产业转型升级和现代产业体系建设。高职院校的主要任务是为区域经济提供高技能型人才和技术服务、提高服务经济社会发展的能力。经过 20 多年的发展,高职院校已从数量和规模的扩张发展到质量的优化和提高上。学校要想在激烈的市场竞争中生存下来,必须形成独特的办学特色、明确的办学思路和定位。河南财政税务高等专科学校(以下简称河南财专)隶属河南省财政厅,已有 50 多年的办学历史,是一所以会计、财政、税务专业为主的财经类高职院校。近几年来,在中原经济区建设和郑州航空港区建设的背景下,学校在立足传统优势的基础上,调整专业结构,确立"立足财经、面向河南、突出特色、办出质量"的办学目标,形成了以财经为依托,向电子信息、法律、文化教育、土建工程等专业领域交叉渗透的专业格局,为学校践行现代职业教育体系提供了前提条件。

**（二）调整专业设置，适应地方产业布局和产业转型升级**

现代职业教育体系要求高等职业院校的专业设置应与区域产业对接，增强职业教育体系的外部适应性。河南财专根据地方经济发展对财经、金融、现代物流类专业人才的新需求，及时调整和优化专业设置，使职业教育对接地方经济产业发展。河南财专隶属省财政厅，这使河南财专更方便了解财会领域的发展状况，准确预测财会行业的人才需求变化，为其突出财税、会计教育特色创造了条件。河南财专在强化“财税专业群”和“会计专业群”的同时，进一步拉大专业框架，优化专业结构，新发展了金融类、计算机信息类、法学类、文化传播类、营销类、建筑工程类六个专业群。为满足河南经济建设对注册会计师后备人才的需要，2006 年开设了会计专业注册会计师方向。随着中原经济区商贸中心、物流中心建设对相关专业人才的需求，2007 年开设了会展策划与管理专业；2008 年开设了物流管理专业；2009 年开设了酒店管理、商务英语和旅游英语专业；2010 年和 2011 年，开设了城镇规划专业和房地产经营与评估专业。专业结构的优化调整，对填补河南经济发展过程中的人才缺口起到了积极作用。

**（三）构建就业导向、能力本位的模块化立体式课程结构体系**

建设现代职业教育体系，满足经济社会对高素质技能型人才的需要，必须坚持以就业为导向，实现课程设置与岗位对接，构建能力本位为中心的课程体系。河南财专深入社会调研，与行业、企业紧密结合，实行课程设置改革，实现课程内容与职业岗位所需知识、技能的对接，构建了就业导向、能力本位的模块化立体式课程结构体系。新的课程体系融职业性的社会需求与教育性的个性需求于一体，实现了专业对应的职业标准——岗位（岗位群）技能标准。课程体系包括六大模块，即基础理论模块、基本能力模块、专业能力模块、岗位能力拓展模块、综合素质模块、实践模块。六大模块中,基础理论模块、基本能力模块、专业能力模块、实践模块的课程为必修课程,岗位能力拓展模块、综合素质模块的课程为选修课程,这适应了学生的个性发展需求。课程结构模块突出了实践性和技能性,具有理论性课程与实践课程相互渗透、相互补充的特点。

**(四)推进产学研结合,创新人才培养模式**

职业教育的人才培养过程贯穿生产、服务过程的各个环节,这决定了职业教育必须依托行业,依托企业,加强产学研结合,走校企合作的办学模式。河南财专在发展过程中,始终与政府、行业和企业紧密合作,经过多年的探索与实践,基本形成了政、校、企联动的合作模式。依托行业优势,2006 年在会计专业的基础上开设了会计专业注册会计师方向,并在同年开设了注册会计师培训班,为河南注册会计师行业的发展培养后备人才。该专业的开设得到了河南省注册会计师协会的大力支持,河南省财政厅、河南省注册会计师协会在河南财专设立"河南省注册会计师专业人才奖学金",对考取注册会计师职业资格证书的同学给予奖励,促进了学生学习会计的积极性,也增强了学校的学习氛围。河南财专注册会计师资格考试课程通过率高于全国注册会计师考试课程平均通过率五个百分点。该项培训也得到了同行的一致好评。近年来,学校不断深化校企合作,加强校企联动,积极创新人才培养模式。2007～2011 年先后同河南国基物业公司、国内发达地区的相关星级酒店、德邦物流等建立合作关系并签订了"订单培养"的合作办学机制,初步形成了"理论教学、实践教学、以赛促教"三位一体的面向社会需求的教学模式。为提高学生的动手能力,学校积极推进实践教学改革,强化学生实践技能,建设了 56 个高标准实验实训室和 68 个校外实习实训基地。学校实行“双证书”制度，鼓励并积极组织学生参加各种职业资格证书考试，提高学生的就业竞争力。

### (五) 开展高职与自考本科衔接，探索国际化合作，搭建人才成长“立交桥”

构建现代职业教育体系，提高高职学生的专业素养，拓宽高职学生的发展空间，实现高职教育与本科教育的衔接是关键。2009 年，学校被河南省招生办公室批准为自考本科助学工作高职高专试点学校。2009～2013 年共开考了会计学、经济学、建筑工程管理、工程造价管理、经济法学五个自考助学专业，开展高职与自考衔接，打通学历提升通道，提高人才培养档次，增强人才竞争力，增加专业的吸引力。学校以开展成人教育、继续教育为铺垫，以鼓励各级各类考证培训为辅助，坚持学历教育与职业培训统筹发展，国内教育与国际教育接轨，探索国际化合作办学。2006 年以来，学校先后与澳大利亚、美国、德国、俄罗斯等国的高校合作，开展中外合作办学，更多的外教来校授课，推动了教育观念更新，扩大了国际会计、国际经济贸易、艺术设计、物流管理等专业的优势。国际化合作办学，为学生提供了更宽广的职业出口和发展空间，实现了高职教育与国际教育的接轨，提高了学校人才培养的国际化水平。

## 三、构建现代职业教育体系的几点思考

### (一) 政府要成为构建现代职业教育体系的主导者

首先，政府要研究与解析现代职业教育的精髓，才能设计好适应经济、社会、文化发展的现代职业教育体系的框架。在科学合理的现代职业教育体系的框架下，制定建设现代职业教育体系的目标，制订实现目标的长、中、短期规划。在目标与规划的导向下，出

台政策,优化布局,整合资源,建立职业教育统筹机构;建立健全政府主导的工作机制,加强制度建设,改革管理体制,激发职业教育活力,发挥职业教育在经济建设中的引领作用。其次,政府要强化管理,加强监督,引入社会监督体制,增强社会关注度,为现代职业教育的发展营造健康的环境。最后,政府要促进行业主管部门与地方政府的会商机制、信息交流机制,健全职业教育联席会议制度。构建政府主导的规范化、常态化的高技能型专门人才需求预测、预警等信息发布平台,增强职业院校人才培养的针对性与实效性。

**(二)行业组织要成为构建现代职业教育体系的中坚力量**

行业组织作为行业资源的聚集中心,往往对行业的发展定位、运行规律、技术创新、人才需求等情况有着精准的把握。构建现代职业教育体系应建立行业指导、企业参与的工作机制,充分发挥行业组织、行业专家在人才培养、专业建设、课程改革、师资队伍建设、实习实训、教材编写等方面的作用。以行业为依托,建立健全省级行业职业教育委员会,形成行业、企业、高职院校的信息交流机制。以行业为主导,与行业、企业共同制定专业标准、课程标准和职业标准,将行业生产标准、技术规范融入职业教育人才培养方案。探讨行业主导的专业认证,完善专业建设评估体系。

**(三)深化校企合作办学是现代职业教育体系建设的主要环节**

职业教育的发展,一方面要与区域经济发展紧密结合,另一方面还要加强与行业、企业合作,体现职教的开放性,提升其外部适应性。高等院校要适应地方经济的发展,依托行业,密切联合企业,根据市场对人才的需求,推进人才培养模式转变和教学改革,促进职业教育与经济社会的融合与发展。采取校企合作、工学交替、“订单培养”等加强产学研结合，建立学校与企业合作的长效机制，将企业作为学生实践能力的培养基地。丰富校企合作的内涵，一方面，实施职业资格制度和就业准入制度，提升校企合作办学的层次；另一方面，充分调动学校、行业和企业的积极性和创造性，把学生教育、培训、就业和行业、企业的发展紧密联系在一起，为行业、企业的发展提供人才储备，实现学校与行业、企业的共赢。

# 完善职业教育体系,促进区域职业教育协调发展
## ——以南阳市职业教育发展为例

河南工业职业技术学院 王伟

区域职业教育的协调发展对区域经济的协调发展具有极大的促进作用。《教育部关于推进中等和高等职业教育协调发展的指导意见》的出台对于促进中高职健康协调发展具有重要意义。河南工业职业技术学院所在地南阳市是一座拥有1000多万人口的大市,发挥好国家骨干高职的作用,对促进南阳职业教育发展具有重要意义。

## 一、南阳职业教育的基本情况

2009年,南阳拥有各级各类学校7325所,在校生290万人,其中普通高等院校4所,在校生6.67万人;中等职业学校105所,在校生13.5万人。但我市的教育结构、规模和层次与当地经济社会发展不相适应。我市是一个拥有1000多万人口的大市,高校办学规模不足,全国高等院校每千万人均15.2所,而南阳只有4所,在校生万人比远低于全国、全省水平,至今还没有一所市属高职院校;中职学校数量多,规模小,发展不平衡,办学条件差,年招生能力只有4万余人(2012年后,每年初中毕业生将达到14万人以上),严重制约了全市经济社会的快速发展。目前,南阳市拥有高

等职业院校 1 所(河南工业职业技术学院),在校生 13162 人;中等职业学校 105 所,在校生 13.5 万人。其中,国家级重点中等职业学校 15 所,省级重点中等职业学校 8 所,国家级职业教育实训基地 4 个,省级重点专业点 5 个,省级职教集团 1 个,市级职教集团 6 个,职教强县 6 个。

## 二、职业教育发展存在的问题与不足

### (一) 认识不到位,发展不平衡

社会上对职业教育的认识有偏颇,轻视中等职业教育的现象普遍存在。职业教育的发展规划、战略地位在一些地方和部门还没有得到很好的落实,事业发展缺乏强有力的制度保障和体制机制的支撑,城乡之间、区域之间、公办学校与民办学校之间发展不平衡。各级政府统筹职业教育的责任有待进一步落实,支持职业教育发展的力度有待进一步加强。

### (二) 经费投入不足,办学条件较差

公共财政投入不足,保障机制欠缺,没有形成多元化投入机制。不少中等职业学校,特别是农村职业学校办学条件差,校舍不足,缺设备,缺教师,有的学校甚至面临着生存危机。公、民办中等职业学校的平等待遇缺乏保障。

### (三) 教师数量不足,专业课教师紧缺

教师队伍数量不足,年龄结构不合理,专业课教师尤为短缺,教师培训工作没有经费和机制的保障,整体素质亟待提升。受人事管理体制的限制,职业学校从企业引进或聘用技术人才担任教师的渠道不畅通,民办中职学校师资队伍不稳定,结构不合理,教育质量难以保证,发展后劲不足。

**(四) 职教园区建设起步较晚,工作任务繁重**

2010 年,河南省人民政府下发了《河南省人民政府关于印发重点建设的百所示范性职业学校职业教育园区名单的通知》(豫政〔2010〕53 号),确定我市为省示范性职教园区(全省 5 个),将在政策、资金和项目上给予倾斜和重点支持。由于种种原因,我市的职教园区建设工作刚由起步阶段进入冲刺阶段,建设任务重,制约因素多,目前的建设速度和建设规模与省政府的要求,和其他省辖市相比,都有较大的差距,亟待加强领导,强化措施,加大力度,强力推进。

**(五) 南阳职业教育办学层次低,中高职发展不协调**

南阳是一个有着 1000 多万人口的大市,只有一所刚刚挂牌的市属公办高职院校,这制约着南阳高技能型人才的培养。

## 三、加快南阳职业教育协调发展的措施

**(一) 优化职业学校布局结构**

为了培养技能型人才,加强学生的动手能力,教育主管部门要着重对这些学校或专业的培养目标、教学计划、教学大纲进行调整。坚持科学规划、城乡统筹、优化布局、盘活资源、提高效益的原则,用3～4年的时间,将全市中等职业学校由目前的 105 所调整为 50 所左右。通过资源整合,努力办好一批特色鲜明、就业率高、起示范带头作用的骨干中等职业学校,推动中等职业教育走规模化、集团化、连锁化办学的路子,促进中等职业教育与高等职业教育协调健康发展。

**(二) 搞好中职与其他教育类型的衔接**

纪宝成同志表示,中国的高考应该分成两类:一类是普通高等教育高考,一类是高等职业教育高考。普通高等教育和高等职业

教育并不是“绝缘”的,两者之间可以建立一座“立交桥”,上了高职的孩子可以考研究生;反过来,研究生也能参加高职学习。为了适应终身学习的需求,应建立学历教育和短期培训并重的多层次、开放性的职业教育体系,处理好职业教育和普通教育在学历方面的融通,以及中高职教育在升学方面的衔接。

**(三)品牌带动,协调发展**

实施品牌驱动,强化河南工业职业技术学院国家骨干高职院校的品牌意识,加强品牌宣传,发挥品牌效应。在发挥原有的国家级教学团队、国家级精品课、国家级实训基地等国字号品牌作用的同时,打造一批与军工企业和地方装备制造业、现代服务业紧密联系的电气自动化技术、建筑装饰工程技术、数控技术等8个品牌专业。打造一批在省内外叫得响的品牌团队、品牌基地。充分发挥国家骨干高职的带动作用,搞好与南阳中职的衔接,在未来组建的南阳职教集团中发挥带动作用,在专业建设、课程建设、实验实训条件建设和师资队伍建设等方面为南阳中职学校搞好服务衔接,促进南阳职业教育协调发展。

**(四)完善职业教育发展保障机制**

强化政府行为,调整公共财政对教育的投入结构,加大财政对职业教育的投入力度,逐步完善符合市场经济发展要求的职业教育多元化投资体制。持续开展示范性学校建设、基础能力建设、实训基地建设和示范性职教园区建设,中央和省财政要加大职业教育项目支持和资金支持力度,并逐步拓宽中等职业教育政策、农村家庭经济困难学生和涉农专业学生免学费政策的资助面,让更多的学生享受到国家的惠民政策,增强职业学校的吸引力。要出台优惠政策,鼓励社会力量和民间资本通过捐资助学、投资办学、合作办学等形式,加大对职业教育的投入,保障并促进职业教育快速发展。

**(五)增强职业教育服务当地产业结构调整和产业集聚区建设的能力**

紧紧围绕南阳市实现工业强市、建设河南区域性中心城市的战略目标,充分发挥职业教育培养培训技能型专业人才和高素质劳动者的功能和优势,结合产业结构调整,将产业集聚区各类人才的培养培训纳入职业教育计划,健全完善人才培育机制,优化学科专业结构,提高教育质量和水平,进一步加快人才培养步伐,积极支持推进产业集聚区的建设和发展。

一是以专业建设为纽带,以资源整合为抓手,以集团化办学为载体,做大、做强职业学校,建设好市、县两级产业聚集区人才培养培训基地。

二是以产业集聚区需求为导向,及时调整学科专业结构。职业学校要按照省委、省政府提出的实现"两大跨越"以及十大产业调整振兴计划等,紧紧围绕我市产业集聚区建设方案,及时跟踪市场需求的变化,主动适应产业集聚区发展的需要,有针对性地调整和设置专业,加强有关学科专业建设,不断调整优化学科专业结构。

三是创新人才培养模式,加强技能型人才培养。要大力推行工学结合、校企合作、顶岗实习的人才培养模式,带动学科专业建设,改革课程教学内容、教学方法和评价方式,深化办学模式改革,积极探索学分制、分阶段学习等更加灵活的弹性学习制度,不断提高技能型人才培养的质量。

四是推进校企合作,共建"双师型"教师培训基地。加强职业学校"双师型"教师队伍建设,逐步建立职业学校与产业集聚区企业合作机制,建立"双师型"教师培养培训基地。鼓励职业学校从产业集聚区聘任具有实践经验的在岗和离退休工程专业技术人员担任专、兼职教师。

五是加强示范性职业学校和实训基地建设，提高学生的技能水平。实施示范性职业院校建设工程，重点建设一批省级示范性中等职业学校，切实加强相关职业学校的综合实力、重点专业、社会服务能力建设，提升培养高素质技能型人才的能力，发挥其示范作用，带动全市职业学校办出特色、提高水平，为产业集聚区培养急需的各类技能型人才。

六是积极探索教育与产业集聚区相互促进、共同发展的新路子。积极与产业集聚区开展合作，创设体现教、学、做协调统一的具有现代职业教育特色的教学环境和教学方式，使职业教育成为支撑产业集聚区发展需要的技能型人才的培养培训中心。

# 职业教育就是就业能力教育

鹤壁职业技术学院　刘好增

一个时期以来,职业教育就是就业教育是业界共识,并作为职业教育的核心理念,引领着职业教育的发展。随着我国经济社会的深入发展和信息化技术给经济社会带来的深刻变革,以及职业教育服务经济建设、服务受教育的人的全面发展的需要,笔者认为有必要研究一下职业教育就是就业能力教育的命题,从而更加明确在经济社会发展的新形势下,在构建现代职业教育体系的需要面前,职业教育的功能定位。

## 一、职业教育就是就业能力教育

笔者认为,现代职业教育体系对职业教育的功能定位已从两个方面给予了明确说明:一是服务于经济社会发展,二是服务于受教育的人的全面发展。基于这样的观点,职业教育就是就业能力教育比职业教育就是就业教育更加科学和全面。

### (一) 职业教育就是就业教育的局限性

第一,职业教育就是就业教育的局限性表现在职业教育服务经济社会发展方面。以“订单办学”为例,在职业教育就是就业教育理念的引领下,许多院校探索了“订单办学”的模式,院校在招生之前，广泛联系用人单位，签订订单培养意向，以期在学生毕业后落实就业岗位。这样的做法无论是对解决用人单位的人才需求，还是对实现毕业生顺利就业都具有十分积极的意义，各地也取得过不少成功的经验。然而，随着经济结构的快速调整、科技发展的日新月异，尤其是信息化技术给全社会带来的深刻变革，受多种因素影响的市场形势瞬息万变，包括用人市场在内都呈现出极大的不确定性。三年前确定的订单，三年后无奈流产并不奇怪。这样本已确定就业意向的学生，毕业后无业可就，在校期间又缺乏就业能力的训练，一毕业就患上了就业雪盲症，陷入迷茫中。职业教育就是就业教育的局限性就表现了出来。

第二，职业教育就是就业教育的局限性还表现在对受教育的人的全面发展方面。在职业教育就是就业教育的观点下，只要毕业生走出校门，完成就业，职业教育的任务也就算完成了。其实，在市场经济条件下，大量的案例是毕业生经历着就业、失业、再就业的奋斗过程，在一个岗位上从事一种职业的例子是不多的。在这个意义上，毕业生对就业岗位的需求和对就业能力的获得同等重要，甚至后者更重要。因此，在人的全面发展面前，职业教育就是就业教育是有局限性的。

**（二）职业教育是就业能力教育的必然性**

我们应该承认一个事实，随着市场经济的不断成熟，市场对资源配置的杠杆作用越来越大。人才资源、人力资源的供需都必须服从市场的调节。而市场需求在一定时期的稳定性是相对的，市场需求的变化是绝对的。职业院校的师资结构、设备配置、专业设置等教育资源是基本稳定的。市场变化的绝对性与教育资源的稳定性形成一对矛盾。另外，市场对某些人才的需求往往是即时的，而职业院校对人才的培养是需要周期的，市场需求的即时性与人才培养的周期性形成一对矛盾。以上矛盾的出现致使要实现人才培养与市场需求的无缝对接比较困难。因而职业院校的毕业生即时地获得与所学专业相符的对口就业是相对的,不能完全对口就业,或毕业便待业是绝对的。在这个意义上,职业院校未来的竞争应表现在毕业生就业能力的竞争上。对口就业的学生应具备专业再提升的能力,以稳固其就业岗位。专业不对口的学生应具备相近专业再学习的能力,或对相近岗位的适应能力,以实现就业。在目前的就业环境下,不能排除还有相当数量的毕业生必须走向自主创业的道路,通过创业实现就业,这就要求学生必须有创业的基本知识和心理素质,形成创业能力。凡此种种,均属于就业能力的范畴。因而,只要市场经济不断走向成熟的大趋势不变,市场配置资源的无形之手就会时刻发挥作用。职业教育要实现资源效益最大化,很好地发挥服务于经济社会发展,服务于人的全面发展,实现职业教育就是就业能力教育将是必然。

**(三)现代职业教育体系构建的要求**

《国家中长期教育改革和发展规划纲要(2010～2020年)》提出:"到2020年,形成适应经济发展方式转变和产业结构调整要求、体现终身教育理念、中等和高等教育协调发展的现代职业教育体系,满足人民群众接受职业教育的需求,满足经济社会对高素质劳动者和技能型人才的需要。"因此,我们可以归纳出现代职业教育体系的三个鲜明的特征:一是适应经济发展方式转变和产业结构调整要求,即外部适应性,要求这个体系应该是开放的,需要统筹,需要合作,需要对接;二是体现终身教育理念,即内部适应性,要求这个体系应该强调育人功能,以人为本,面向人人,终身发展;三是中等和高等职业教育协调发展,即内在系统自身的协调性。其中,第一个特征是在宏观上要求现代职业教育必须适应现代经济结构，在微观上接受职业教育的人（在校生）必须适应现代经济发展中的工作岗位。这是对毕业生就业能力的隐性要求。第二个特征要求现代职业教育应当是以人为本的终身教育。这就更加明确了职业教育不仅是就业教育，其关注点不仅包括实现人的就业，还包括使人具有终身发展的能力。现代职业教育体系的形成体现了以人为本的科学发展观，间接地表现出培养人的就业能力比形式上的就业率更加重要。

## 二、职业教育如何培养学生的就业能力

我们应该对就业能力做一个基本界定，研究表明，就业能力包括专业能力、适应能力、竞争能力、情感智商四个方面。其中，专业能力包括专业知识、专业技能、计算机和外语应用；适应能力包括人际交往能力、表达能力、组织能力、客观评价自我的能力、承受一定挫折的能力；竞争能力包括思维能力、营销能力、发展能力、创新能力、创业能力；情感智商是指人们识别自己和他人的情绪、鞭策自己进取、驾驭自己的情绪以及把握人际关系的能力，是就业中非同小可的重要能力，它可以直接影响人的就业结果与事业前途。

就以上四种能力而言，第一种为专业能力，后三种可以概括为职业能力，专业能力和职业能力共同构成就业能力。

现行的职业教育培养模式，无论什么专业，毫无疑问是突出了专业能力的培养，即仅重视了对学生的专业知识、专业技能、计算机和外语应用能力的培养，普遍淡化和忽略了职业能力的培养。这就是许多专业知识和技能兼优的毕业生找不到工作的原因所在。

现行职业教育必须改变单一的培养专业能力的教育模式，变注重专业能力培养模式为专业、职业能力并重的两条腿走路的培

养模式。只有这样才能适应现代职业教育体系对人才培养的基本要求，才能称得上是完整意义上的职业教育。

未来职业院校的建设必须加强职业能力培养的建设，补足职业能力培养这块短板。从教学大纲的修订，到师资配备、教材配备以及实践性环节，全面加强职业能力的培养，以实现职业教育的功能定位由就业教育向就业能力教育的转化。

实际上，在发达国家或地区，职业教育对职业能力的培养早已形成相应的规范。20世纪70年代，德国职业教育就特别注重方法能力和社会能力的培养。20世纪80年代，英国政府就开始致力于职业核心能力的培训，并逐渐形成完善的培养认证体系。美国、澳大利亚、新加坡等国在推行能力本位教育体系的过程中也都强调关键能力的培养。培养职业能力已经成为世界先进国家、地区政府和职业院校开发的热点，成为职业教育发展的大趋势。

我国经济社会的快速发展和深刻变革呼唤着职业教育的改革，必然催生现代职业教育体系的形成。因而专业能力培养和职业能力培养并重的职业教育新模式也必将在未来的职业教育成熟期内形成。非常自然，就业能力的教育也必将在摸索中走向成熟。我们有理由相信，在新的形势下，经过一段时间的探索，作为职业教育的功能定位，无论是在理论上，还是在实践的层面上，职业教育就是就业能力教育必将取代职业教育就是就业教育。

# 关于中高职一体化办学的思考

新乡职业技术学院　杨剑虹

《国家中长期教育改革和发展规划纲要(2010～2020年)》提出:"到2020年,形成适应经济发展方式转变和产业结构调整要求、体现终身教育理念、中等和高等职业教育协调发展的现代职业教育体系。"中高职协调发展是构建现代职业教育体系的关键所在。

现阶段,我国职业教育的两大主体——中等职业教育和高等职业教育,基本上自成体系,独立发展,在办学形式、培养模式、学制管理、专业设置、课程体系、评价机制等方面存在严重脱节、断层或重复现象,既不符合教育规律,也不利于受教育者循序渐进地成长。实施中高职一体化办学,推进中高职上下贯通发展,是新形势下我国职业教育改革发展的迫切需要,也是职业院校自身发展的大势所趋。

## 一、现阶段我国中高职一体化办学的基本模式

从办学体制和办学模式来看,现阶段,我国中高职一体化办学的基本模式主要有以下四种:

### (一) 单体模式

单体模式是指在一所学校内实施中高职一体化办学,它包括两种形式,即直通模式和分段联通模式。

1. 直通模式

初中起点的五年一贯制模式,由中等职业学校或高等职业学院直接招收初中毕业生入学,在校连续学习五年,毕业时取得高等教育专科文凭。高等职业学校举办五年一贯制的模式在全国较为普遍;中等职业学校举办五年一贯制的模式只在江苏部分地区进行试点,没有在全国其他地方推广。

2. 分段联通模式

联体模式是指在一所学校内既有中等职业教育,又有高等职业教育,中等职业教育和高等职业教育作为两个相对独立的阶段分别开展教学,学生先完成中等职业教育的学业,经过考试选拔(如通过本校的单独招生考试),接受高职阶段的教育。

### (二) 联体模式

联体模式是指一所高职院校与多所中职学校联合进行分段式中高职一体化办学。其学制形式包括“3+2”“2+3”“3+3”等,学生先在中等职业学校接受三年或两年的中等职业教育,经过选拔程序,进入高职学校,接受两年或三年的高职教育。中职和高职学校之间通过协约的形式合作联通。

### (三) 集约模式

集约模式是指多所中职学校和高职学校,依托行业背景或园区背景,通过合约的形式实施集约化办学。分两种形式,即依托行业区域背景的职业教育集团模式和依托园区背景的职业教育园区模式。

1. 职业教育集团模式

一种是行业职业教育集团，天津市以行业为依托，建立了十个中高职教学相衔接、学历教育与职工培训相结合的集约化、规模化的行业职教集团。上海、河南等地也相继探索建立了若干行业职业教育集团。另一种是区域性职教集团，天津在市内六区，以城市职业学院为龙头，以各区“社区学院”为核心，整合区内中职学校，组建了六个以社区教育为主的区域性职教集团；北京市昌平区也建立了区域性的职业教育集团。这些职教集团通过行业或区域内职业教育资源的有效整合，促进了中高职教育的衔接发展。

2. 职业教育园区模式

职业教育园区化发展主要体现了“主体开放性、资源共享性、功能多重性、后勤社会化、信息网络化、管理法制化、专业集约化、布局人性化”的特点，形成了职业教育教学链、行业链、利益链的全面融合。天津以海河教育园区为平台，统筹中高职集约化办学，已有五所高职院校、两所中职学校入驻教育园区。山东青岛、湖南长沙、江苏无锡、河南开封等地的职业教育园区发展也进行了有益的探索，积累了一定的经验。

但从总体上看，集约模式受管理体制、学制等方面的制约，还无法真正实现上下贯通、左右融通的一体化办学。

**（四）普体模式**

普体模式是指在全国或全省范围内，中职教育与高职教育对接的办学模式。中职与高职学校没有固定的联通对象，主要是接受完中等职业教育的学生经过统一的选拔考试，进入高等职业院校完成高职阶段的教育，包括对口升学、自主招生和高考招生。

1. 对口升学

中职毕业生（中专、技校、职高毕业生）完成中职学业，通过省级以上教育管理部门组织的对口升学统一考试,进入专业对口的高职院校接受高职教育。中高职学校没有合作关系。

2. 自主招生

指普通高中或中职毕业生,通过高职院校自主选拔的方式,到高等职业院校学习。

3. 高考招生

指普通高中或职业高中毕业生,通过参加全国统一组织的高考,进入高等职业院校学习。高考招生模式基本上没有考虑专业对口和课程的衔接。

## 二、当前中高职一体化办学存在的主要问题

近年来,我国许多地区都积极开展了对中高职衔接的探索实践,为推进中高职一体化办学积累了一定的经验,但从总体上看,我国中高职一体化办学仍处于探索阶段,除五年一贯制模式较为成熟外,其他模式均难以实现真正的一体化办学,其培养目标、人才培养方案、课程体系、教学资源、教学过程、评价机制等方面均存在着对接度不高的问题。

### (一) 培养目标不衔接

中等职业教育和高等职业教育均具有双重属性,中等职业教育既是职业教育,也是高中阶段教育;高等职业教育既是职业教育,也是高等教育。它们同属职业教育,应该是属性相同,层次有别,属于同一类型教育中的两个不同层次。中等职业教育以培养技能型人才为主;高等职业教育以培养高端技能型专门人才为主。然而,由于管理体制分割和办学体制受限,造成定位和归属上的模糊,中等职业教育主要归位于高中阶段教育,高等职业教育主要归位于高等教育,致使中高职教育相互脱节,中职教育偏向终结性教

育,基础性作用得不到有效发挥;高等职业教育也难以体现自身的品牌与特色,起不到引领作用。中等职业教育与高等职业教育没有明显的依存性,没能建立起技能型人才和高端技能型人才培养目标的有效衔接。

**(二) 专业契合度差**

目前,我国中等职业教育与高等职业教育专业设置的契合度和衔接性不高。中等职业教育在终结性教育理念的支配下,其专业设置与工种相对应,数量多,分类细;高等职业教育在根深蒂固的高等教育情结的支配下,其专业设置仅仅是脱离了学科园囿,与岗位群相对应,口径相对较宽。专业契合度差导致中高职在专业教学上或者大量重复,或者断层,既造成了资源的浪费,又无法保证人才培养的质量。

**(三) 课程体系不衔接**

目前,无论哪一种中高职一体化办学的模式,课程体系不衔接的问题都普遍和明显存在。即使在单体模式中,中职和高职教育也是相对分隔,各自设置课程体系。其他模式更甚,中职学校和高职院校各自为学,缺少有效沟通,造成中高职阶段的一些专业课程内容重复现象十分严重。据湖南省的有关统计,中高职院校同一专业的课程体系和教学内容重复率高达30%以上。另有学者对上海市同类专业的中职和高职的教学计划做过比较分析,医学类相关专业的专业课重复率高达70%,工科类相关专业的专业课重复率达45%～55%。由此可见,现阶段中高职的衔接还只是停留在制度层面。

**(四) 培养方案不衔接**

中职和高职的培养目标有明显的层次性,其培养方案既应有明显的层次性,也应有明显的贯通性。但由于中高职之间独立办学,缺乏有效的沟通,在培养方案上出现明显的错位。中职的教学计划普遍重实训,轻理论;重技能,轻基础,这使得中职学生升入高职院校后,对文化基础课的学习普遍感到困难。而在实训练习和专业技能培养方面,不少高职院校迁就于生源结构的不合理,技能训练定位过低。中职与高职在内涵层次上的衔接得不到体现,培养质量大打折扣。

**(五)生源结构不合理**

目前,我国高职教育生源主体仍为职教体系外的普通高中生源,是普通高考分数最低的群体,多数学生对高职教育具有抵触情绪,选择高等职业教育多属无奈之举,且不具备对应的职业技能与职业知识,不具备高职院校培养高端技能型人才的专业素质基础。所以高职教育应以中职毕业生为主要生源,以体现其职业性特点。

## 三、关于推进中高职一体化办学的建议

中高职一体化办学的探索是我国职业技术教育领域的一次重大变革。近年来,全国各地都进行了一系列探索实践,但都没有从根本上突破中高职一体化办学的瓶颈问题。目前,实施中高职一体化办学存在多方面的制约,如管理体制不统一、办学机制不成熟、课程体系不衔接、招生制度不完善、认识观念不到位等。我们可以从以下几个方面进行大胆的改革和尝试:

**(一)理顺管理体制,解除发展瓶颈**

管理体制不顺畅是创建现代职业教育体系的主要瓶颈。我国的职业教育至今仍然实行多部门分割管理,不同类型和层级的职业教育之间协调性差,特别是中等职业教育,其教育教学业务的管理分属两大领域,教学计划、课程设置、教学内容无法统一设置,中等职业教育的培养水平参差不齐,在与高等职业教育的衔接中差

异性较大。

职业教育条块分割、政出多门的现状急需改变。要统筹中高职教育发展可以从三个层面努力突破:一是在政治体制改革的过程中,强化职业教育管理体制改革,精管简政,由政出多门变政出一门,拆除阻碍中高职贯通发展的樊篱;二是改革教育部门内部对中高职的管理分工,中职和高职的管理机构进行统一,由一个部门对中高职实施一体化管理,有效推进中高职在专业设置、课程体系等方面实现内涵一体化;三是在暂时不改变教育行政部门对中高职管理分工的情况下,明确一个部门负责对中高职衔接的统筹管理和运作,以利于加强中高职之间的协调和联系。

**(二) 创新培养机制,实现上下贯通**

我们可以借鉴西方国家先进和成熟的模式,改革创新培养机制,实现职业教育内部的纵向贯通,以及职业教育与普通教育的横向融通。

借鉴英国职业教育培养机制,探索分级培养机制。组织专门力量,参考现有的技能等级标准,统筹设置不同专业、不同等级的学生能力标准、课程标准和课程内容。学历融合技能等级,设计职业教育灵活的晋升机制,拥有任何一级的职业教育等级证书都可以进入较高一个等级继续接受职业教育。

借鉴法国等国家的做法,完善职业学校毕业生直接升学制度。凡是有普通高中、职业高中、中专、技校等文凭的均享有上高职院校的入学资格。对基本符合升入高职院校条件的中职学生,补学相应的文化基础课。

**(三) 加强顶层设计,统筹协调发展**

要在全省范围内遴选包括教育行政部门、行业、企业、科研院所、中高职院校、劳动人事等部门的领导、专家、技术能手等成立专门组织，广泛调研，研究出台中高职一体化办学的人才培养模式改革方案，并制定学制管理、招生就业、财务管理、人事调配等方面的具体实施方案，指导推动各地区中高职一体化办学。以培养目标、培养方案、课程体系为突破口，建立分级分类、中高职一体化的办学标准，提高各层次职业教育的水平和人才培养质量。

**（四）强化学制改革，建立进退通道**

目前，中等职业学校有二年制、三年制、四年制、五年制等学制并存的情况，其中二年制主要是针对高中毕业生，规模较小；三年制是中职学校的主体；四年制、五年制主要在一些高级技工学校和技师学院举行。中职学制的不规范，提高了中高职衔接的学制设计难度。

实现中高职衔接发展，建立现代职业教育体系，需要进一步规范中职和高职的学制管理。很多国家中高职教育衔接的经验表明，学分制增强了衔接的灵活性，便于对课程进行重组和管理，便于学生灵活地完成学业。目前，国家及各省职业教育主管部门均出台了鼓励中高职院校实施学分制的政策，但均没有得到有效落实。

当然，中高职一体化办学的衔接模式应该是内涵的衔接模式，不是简单地建立一种衔接的学制体系，也不仅仅是搭建起中高职教育之间的发展通道，更重要的是一体化设计中高职教育的专业设置、培养目标、课程体系、教学资源等，根据不同专业的人才培养需要，实行分段贯通和一体贯通等多种学制。

**（五）集约模式先行，发挥示范带动作用**

国家层面对职业教育的集团化办学给予了高度重视，上海、河南都在这方面进行了有益的尝试。河南省每个省辖市都办有职教集团，在多个市建有职教园区且规模稳定，这为中高职一体化办学奠定了良好的基础。但目前,职教集团和职教园区在一体化办学方面的实质性进展较为缓慢,尚没有建立起一体化办学的有效机制。基于行业背景的职教集团和基于区域背景的职教园区,在推动中高职一体化办学方面有着独特的优势和便利的平台,应予以政策支持,鼓励其先行先试,鼓励地方政府、行业协会、企业、中高职学校密切合作,实施一体化办学,共生共赢,为构建现代职业教育体系充当先锋队和引领者。

**(六)支持扶持试点,建立一体化办学特区**

目前,绝大部分高职院校中,中职教育和高职教育并行,拥有探索和实践中高职一体化办学的优越条件。但长期以来,因为管理体制和办学机制分隔,虽然教学资源相同,教学管理却是相对独立,各行其道。我们可以解放思想,选择一些中高职规模相当的高职院校进行试点,予以政策支持,鼓励试点学校借鉴英、法、美等国的经验,构建中高职一体化的培养机制和培养模式,开发一体化的培养方案、课程体系、评价机制等,甚至可以建立中职直升高职的进退机制。成功之后,再予推广。

# 谈中高职学制改革及普通教育与职业教育衔接机制

孔祖中等专业学校　郝兰奇

近年来,我省职业教育得到了快速发展,实施了"三改一抓一创建"工程,凸显了本省特色,取得了优异成绩。但从整体上说,目前我国的职业教育仍处于薄弱状态,公用经费缺乏,师资素质偏低,生源逐年减少,人才培养各环节的顶层规划、设计及实施机制长期缺乏,多数职业学校人才培养质量偏低,招生难。职业教育所面临的以上问题,可分为内含和外延两个方面,从根本上说,主要问题应该在内含方面,包括师资素质、校企合作机制、教学模式、人才培养质量等。然而,这些内含问题的实际解决,却离不开国家方针政策、政府主导、体制机制等外部条件的推动,而中高职学制和普通教育与职业教育衔接机制改革就是其中的一个重要方面,也是打造中国经济升级版的迫切需求,是建立河南特色现代职业教育体系的基本要求。

## 一、中高职衔接工作面临的基本问题

### (一) 中高职生源普遍不足

目前全省初中毕业生逐年减少,高中毕业生对学历要求较高,不愿读高职,从而造成职业教育生源总体较少。2013 年,商丘中招考生共计6.8万人,其中普通高中招生计划4.9万人,中职生源仅有1.9万人,其中还有一部分学生不愿继续就读而外出打工。而全市中职学历教育学校有25所,校均生源仅有760人,算上省属和外地学校在商丘的招生人数,整个商丘中职生源校均不足500人。同时,由于我国经济结构调整还处于初级阶段,很多企业缺少创新能力,缺乏战略定位,劳动力密集型企业的用工需求依然大量存在,加之退役军人、劳教人员、社会富余人员等生源对象参加学历教育的实际障碍较多,致使中职生源严重不足。

所以,职业学校生源不足和招生难问题的存在,根本原因不在于职业学校内部认识不高和努力不够,而在于相关制度和机制的薄弱,需要各级党委政府充分发挥主导作用,对中高职学校数量、办学规模进行科学规划。

**(二)统筹力度薄弱,缺乏职普统一规划**

首先,目前的职业教育面临着过度依赖普通教育的窘境,尤其是在招生工作中,无论中职还是高职,都是在向普通教育"求"生源,这也是职业教育招生难的根源所在。其次,我们现有的职业教育,不论场地、师资,都是从普通教育分离出来的,目前教育主管部门的人事、师训、教育督导等公共机构主要为普通教育服务,职业教育主管科室基本上是孤军作战,职业教育模式普通教育化的问题也一直存在。这些都表明,就教育主管部门本身来说,客观上就存在着重普教、轻职教的现象,其中最突出的方面,就是缺乏站在统一的高度,在办学资源、师资配备、办学经费、办学规模等方面对普教与职教进行整体规划、设计和调整。

## 二、中高职招生对象及办学规模的合理划分

职业教育以就业为导向,就应以市场需求为前提对中高职办

学规模进行规划布局,但并不意味着让更多的中职学生尽快大量就业。原因有如下四条:第一,人民群众对学历的要求越来越高,不甘于中专或大专学历;第二,随着经济结构的调整和转型,企业对用工的技术技能及职业素养要求越来越高,越来越多的中职学生不能满足现代企业的需求;第三,目前就业压力越来越大,大量中职毕业生提前就业不利于缓解全国的就业压力;第四,企业对用工的需求是有层次的,国家应对所提供的技术技能型人才、高端技能型人才、高级领军型人才的结构比例进行合理规划,即促进中高职协调发展。在现有条件下,应增加高职、"3+2"、应用本科培养计划,满足升级版中国经济对技术技能型人才的结构性需求。

现代职业教育体系是包括中职、高职、应用型本科、应用硕士等一体化的培养体系,各个培养层次的统筹协调发展是建立现代职业教育体系的重要内容。目前,我省中高职学校偏多,中高职分工不清,应用型本科高校较少,培养出的中高级技能型人才结构比例不合理,职业院校的人才培养质量也不适应用工企业的需求,致使初、高中毕业生不愿意接受职业教育,也接受不到适合的职业教育,这就降低了职业教育的吸引力,并造成职业教育规模整体偏小。为统筹解决这些问题,应该根据供需双方的实际需求,积极构建以中职为基础、以高职为主体、以应用本科和专业硕士为引领的现代职业教育体系。

全省所有普通本科高校主要专业均设立应用型普通本科专业,大力支持现有高职院校升格为应用型本科高校,主要招收中高职毕业生,建立以应用型本科和专业硕士为引领的现代职业教育体系,通过发展高层次职业教育提高职业教育的整体吸引力。改革高考制度,中职学生报考高职和应用型本科,普通高中学生报考普通本科,引导高中阶段学生流向职业教育,形成普通教育与职业教育大体相当、相互平行、相对独立的培养途径，从体制上保障职业教育的培养质量和规模。

规划和调整中高职办学规模及学校数量，建立以中职为基础、以高职为主体的职业教育培养体系。中职学校主要为地方经济社会发展服务，主要实行本地招生，按同级初中毕业生规模确定本地中职学校数量，从而确保中职学校生源。其余优秀的中职学校，尤其是省属、市属中职升格为高职，并允许优秀的中职学校举办或者与高职联办五年制初中起点的高职班。高职主要招收中职毕业生，不再招收普通高中毕业生，减少普通高中招生计划，将普通高中富余的学生吸引到中职学校，从而扩大中职办学规模，满足社会对高学历的需求，有效带动中高职协调发展。

## 三、中高职学制的基本模式

中高职学制改革的目的是有效地促进分层次、有针对性的培养，保障中职、高职、应用型本科及专业硕士的结构比例符合社会需要，人才培养质量针对相应的企业及岗位，并有效地衔接，避免重复、低层次教学。基本学制可采取如下模式：

第一，中职基本学制不变，仍然为三年，在校两年，顶岗实习一年。根据自愿的原则，中职学生读完两年的课程后，可参加全省统一组织的对口升学“知识＋技能”的考试，考入高职或应用型本科高校学习。

第二，高职基本学制不变，仍然为三年，在校两年，顶岗实习一年。根据自愿的原则，高职学生读完两年的课程后，可参加全省统一组织的对口升学“知识＋技能”的专升本考试，考入应用型本科高校学习。设立五年制高职，中高职实行一体化就读，其中中职阶段两年，在中职学校就读；高职阶段三年，在校两年，顶岗实习一年。而普通高中毕业生想要报考高职,也必须接受专业培训,参加“知识+技能”的高等职业教育招生考试,否则就无法接受中高职衔接、以中职为基础的高职课程学习。

第三,应用型本科学制均为三年,在校两年,顶岗实习一年,主要招收中高职毕业生。专业硕士学制两年,由校企共同培养,主要招收应用型本科专业毕业生。

当然,以上各层次职业教育应在行指委、领军企业参与的基础上,实行中高职专业、课程、教材、培养标准和培养方案全省统一规划,尤其在校企合作、顶岗实习环节,参与企业及其岗位要求要有层次性,中、高职及应用型本科、专业硕士所对应的企业及岗位应有所侧重和区别,从而保障人才培养的针对性、系统性和连贯性,避免重复培养,并有效缩减整体学制。政府部门应在行指委和企业参与办学中起主导作用,通过税收优惠政策鼓励企业参与办学,负责筛选、推荐企业与职业学校对接。

## 四、建立普通教育与职业教育的有效衔接机制

普通教育与职业教育的衔接包括三个方面:一是普通教育与职业教育两者应相互独立,各成体系,各有特色,针对性强;二是两者间学生应合理流动,办学规模相互匹配;三是两者在培养目标、教学内容、课程结构等方面应相互整合、贯通、衔接。目前,职业教育的发展具有新的优势,党和国家高度重视;整个社会对职业教育有着普遍、大量的结构性需要;经济的进一步发展和升级对职业教育有着强劲的趋势性需求;人民群众对职业教育逐步认可;职业教育符合青少年全面发展和成长的需要。而初、高中毕业生对普通教育的盲从心理,以及主管部门对升学率的过度主导,使生源问题成为目前职业教育发展的瓶颈。这是因为生源问题的解决,可有

效地促进办学经费、师资培养、办学条件、校企合作等问题的解决。

在以中职为基础、高职为主体的现代职业教育体系下，普通教育与职业教育的有效衔接，目前应首先解决中职的生源问题。

我们认为，初中学生毕业前，应分流1/2到区域中职学校接受职业教育，毕业时由中职学校组织选报中职、五年制高职院校。高中学生毕业前应分流1/3到区域中职学校，由中职学校组织选报一年制中职、三年制高职、四年制应用本科院校，确保中高职生源共同得到解决。这一衔接机制在我们教育部门内部即可完成。至于普通教育与职业教育在培养方案、教学计划、课程结构、教材等方面的相互衔接和融通等问题，还需要开展相应的专题研究。

# 我省实现中高职一体化办学的顶层理念及保障措施

河南护理职业学院　于晓谟

中高职一体化教育是指处在初级技术应用阶段的中职学生通过参加高等职业学校的学习,取得中高级技术应用阶段高等职业教育资格的教育。长期以来,中职与高职教育由于在培养过程中存在培养目标定位、课程设置及课程标准的含糊、重复和不尽合理等现象,所以,中高职教育的衔接与贯通始终处于探索和不断调整阶段,中高职协调发展的现代职业教育体系还没有真正建立。我省在大力发展职业教育中,大胆改革,勇于创新,取得了丰硕的成果,积累了宝贵的经验,走在了全国的行列,在推进中高职一体化办学方面也做了不少的尝试。但是,这些努力都没有形成具有河南特色的中高职一体化办学的现代职业教育体系,在实现中高职一体化办学的顶层理念及推进力度等方面,我们依然需要进一步扩大研究空间和不失时机的强力推进。

## 一、实现中高职一体化办学的意义和必要性

### (一)促进我省经济和社会发展

河南是人口大省,通过中高职一体化教育途径,培养适应经济结构调整和经济增长方式转变期需求的高素质高技能型人才,提

升职业教育能力和质量，把我省人口压力转化为人力资源优势，是促进经济发展和构建和谐社会的重要措施。

### （二）建立和完善现代职业教育体系

中高职一体化办学是中高职两个办学层次之间，在培养目标、专业设置、课程体系、教学内容、教育机制等方面优势互补，相互承接贯通，相对分工而又避免教育资源浪费和重复，共同发展的一种有机结合状态。两者互相渗透、互为条件，能实现较高的教学质量和办学效益，形成完善的现代职业教育体系，促进中高职教育的协调、可持续发展。

### （三）增强职业教育的影响力和吸引力

高职教育作为职业教育的高级阶段，中高职教育的有效衔接可以使中职毕业生获得深造的机会，并取得高等教育文凭。一是有效满足人民群众接受高层次教育的需求，迎合人们追求高层次教育的社会心理，实现中职毕业生进入高校学习的愿望；二是适应经济和社会对不同层次、不同规格的职业技能型人才的需求，促进就业，有效提升职业教育的影响力和吸引力。

## 二、中高职一体化办学的发展现状和存在问题

经济结构的调整和经济增长方式的转变以及科技的进步对不同层次和规格的人才多样化需求的趋势，为培养技能型人才的职业教育提出了新的、更高的标准。我省现有中等和高等职业教育两个层次，为了适应市场不同的人才需求标准，在中高职一体化办学方面进行了一些改革和探索。

### （一）发展现状

国外的中高职一体化教育有英国和澳大利亚采取的职普衔接模式，法国和德国采用的学制衔接模式和美国、英国等国采取的课

程衔接模式。国内自1985年《中共中央关于教育体制改革的决定》提出“积极发展高等职业技术学院,优先对口招收中等职业学校毕业生以及有本专业实践经验、成绩合格的在职人员入学”以来的近30年时间里,国家和我省先后出台了《国务院关于大力发展职业技术教育的决定》《河南省人民政府贯彻国务院关于大力发展职业教育的决定的实施意见》等一系列关于大力发展职业教育的文件和实施办法,对职业教育形成适应经济发展方式转变和产业结构调整要求、体现终身教育理念、建立中高职教育协调发展的现代职业教育体系,不同时期提出了不同的要求。甘肃、浙江、江苏、四川、上海、山东、福建、云南、辽宁、广西等省市近些年一直在积极推进中高职一体化人才培养模式改革,且所属职业院校都做了富有成效的尝试。

我省近年来先后推行初中起点五年一贯制、中高职分段衔接和中职学校升格为高职院校以及中高职联合办学。所谓的五年一贯制模式是指由高等职业院校直接招收初中毕业生入学,在课程、教学等方面统筹安排、整体设计,在校连续学习五年,毕业时取得高等教育专科文凭的中高职衔接模式。中高职分段衔接模式有对口升学和“3+2”培养模式,对口升学是中职学生毕业后通过考试被高等职业院校录取后再继续学习;“3+2”模式是指学生在中职学习三年后通过考试再进入高等职业院校学习两年,毕业后发高等职业院校毕业证。在开展中高职衔接的探索中,我省为推进中高职协调发展积累了经验,取得了一些成绩。

**(二)存在问题**

对中高职一体化办学的探索应该说是我国职业技术教育领域的一次重大变革,是职业技术教育积极应对教育体制改革的重要举措。从1985年开始提出中高职一体化初步构想到现在,全国各地都进行了一系列深入的探索实践，但均没有从根本上获得突破。我省近几年高等职业教育得到了小规模快速发展，中等职业教育却依然面临发展困境，低迷局面仍在持续，有些中职学校甚至出现了终结性的局面。中高职一体化办学面临诸多矛盾和困难，壁垒没有打破，障碍没有扫清，衔接没有到位。中职的生源压力和高职的生源质量没有给职业教育带来旺盛的生机，完善的现代职业教育体系建设缓慢。

1. 改革创新力度不够

我省中高职一体化办学虽然做了很多有益的尝试，但由于各种原因，中高职衔接发展迟缓；虽然进行了多种模式的尝试，但远没有实现实质性的衔接。主要原因是解放思想不够，改革创新意识不强，不敢打破常规，惯性思维主导着办学理念，从职业教育的宏观制度层面和微观教学层面同时进行的创新研究不够。

2. 课程的一体化衔接难度大

主要问题是生源问题。中高职招生对象层次不一，中职生源来自初中文化程度的学生，高职招收高中毕业的学生。生源文化程度的差异性，使得学生的知识结构、文化基础、领悟能力、自制能力、实践操作能力等方面出现差别。加之中高职学校相似专业的教学计划均独立设计，相对割裂，衔接过程中课程适应性和重复度过大的问题凸显，培养计划的制订和课程选择不能统一。

3. 招生考试政策脱离实际

中职升高职采取理论考试确定录取分数线，忽略了对口专业的技能操作性考试，重理论，轻实践，以培养技能和实践应用能力为主的中职教育的学生，明显考不出好成绩，导致能够达到招生标准的人数减少，进一步影响了中高职贯通一体化的建设。

另外，一些高职专业缺乏办学特色，使中职学生难以找到与之对应的专业，造成中职学生深造机会少，对高职教育的积极性不高，这种中高职教育衔接面窄的现象也是影响因素之一。

## 三、实现中高职一体化办学的顶层理念

中高职一体化教育不能仅理解为中职毕业生可以直接上高职或高职院校直接招收中职毕业生，而是中职学校与高职院校两个教育层次之间，在培养目标、专业设置、教学内容、教育体制机制等方面相互承接、相对分工而又不重复浪费的一种有机结合状态，两者互相渗透、互为条件，从而实现较高的教学质量和办学效益。做到这一点，顶层理念的设计将发挥纲领性作用。

所谓中高职一体化办学的顶层理念，即办学的整体理念，包括总体思路、目标定位、管理体制以及运行模式等。重点是在中高职教育人才培养目标、专业设置、人才素质结构和课程体系等方面构建现代职业教育体系，保证职业教育整体能够适应经济社会发展的人才需求，统筹协调，资源共享，保证质量，促进就业和可持续发展。

### （一）中高职一体化办学的总体思路

河南是农业大省，要实现服务于中原崛起和“三化”目标，将河南的人口压力变为人口红利，中高职教育一体化的总体思路是：充分运用中职与高职各自的教育资源，发挥其最大优势，制定共同的培养目标和人才标准，优化配置，避免浪费，激发办学活力，按照整体策划、统筹安排、重组课程、分阶段实施教学的构想建立中高职一体化办学模式，提高技能型人才的综合素质和质量，适应经济和社会对不同层次、不同规格的职业技能型人才的需求，满足中职毕业生升大学的需要，缓解就业压力，使中高职一体化教育得到健康快速推进。

基本思路是依靠政府推动，教育行政部门主导，行业、企业积极参与，促成中高职培养目标、课程体系、招生就业等方面的有效衔接，实现中高职纵向融合、优势互补、资源共享的新的职教办学格局。

## （二）中高职一体化办学的目标定位

中职与高职是同性质、不同阶段和层次的教育，在培养目标和规格上的区别主要是对职业能力和综合职业素质的要求在程度上的不同，即专业技术人才的不同层次，而不仅是知识的衔接。因此，中高职一体化的办学目标定位应是中职面向生产建设与服务第一线培养实用型、技能型和操作型的熟练劳动者，实现培养技能型人才的目标；高职面向生产建设与服务第一线培养应用型、管理型和技能型的技术人才，实现培养高端技能型人才的目标。高职毕业生较中职毕业生应有更宽的知识面和更深的理论，更强调创造性和独立性。

## （三）中高职一体化办学的管理体制

1. 强化政府的政策引导和统筹协调

中高职一体化办学存在着如体制机制不成熟、课程体系不衔接、招生制度不完善、认识观念不统一等问题。解决这些问题，需要政府尽快研究推进中高职一体化的体制机制，出台相关政策和办法，强化政策引导和统筹协调。各级政府切实把促进中高职一体化教育放在突出的位置，协调处理好有关部门、学校与政府、学校与企业、学校与学校之间的关系，形成政府主导，行业、企业与学校紧密合作的办学机制。一是解决中高职一体化办学存在的突出问题；二是成立省级专业指导委员会，统筹各专业的中高职衔接，解决中高职脱节、课程设置重复等突出问题，研究课程体系，开发专业课程，确定中高职不同阶段的教学任务；三是充分利用集团化办学,在职教集团内部选择学校进行合作,明确参与合作学校的责权利,共同发展与提高。

2. 教育行政部门优化组织领导

成立中高职统一的管理机构,指导、协调中高职一体化办学的具体工作。制定目标明确、易于操作的配套政策和落实措施,如在考试入学制度方面,中职升高职的入学考试按中职的课程设置和教学内容要求进行考试,增加和突出专业课、实践课的考试,完善职业学校毕业生直接升学和继续学习的制度等,为中职毕业生顺利升入高职院校学习深造提供有利条件。

**(四) 中高职一体化的运营模式**

在政府主导下实行多元化的运营模式。一是合作学校与企业共同成立管理机构;二是利用紧密型集团化办学模式,在职教集团内部选择学校进行合作;三是强化契约意识,通过签订协议,明确参与合作学校的责权利,共同研究落实专业设置、课程建设、培养目标和招生就业等方面的衔接。

## 四、加快中高职一体化办学的保障措施

**(一) 加快理顺管理体制**

省级教育行政部门是实施中高职一体化办学的关键,包括体制机制、管理方式等诸多方面。省教育厅应强化职成教处与高教处的职能协调,将原来分属于两个处室分别管理的中职教育和高职教育归口于一个部门管理,体现职业教育管理的一体化,这样便于统筹发展职业技术教育,也将使中高职一体化办学推进的速度更快、效果更好。

**(二) 加快出台相关政策措施**

加快制定学制管理、招生就业、助学补助、人事调配等方面的

具体实施方案，指导和规范中高职一体化办学。

**（三）成立专门的推进机构**

要在全省范围内遴选包括教育行政部门、行业、企业、中高职院校、人事等部门的领导、专家等人员成立专门机构，广泛调研，研究出台中高职一体化办学的人才培养模式改革方案，制定一体化办学课程改革指导意见，评估一体化办学的项目落实、人才质量和成效。

**（四）加大资金投入力度**

设立专项资金或项目带动等办法支持中高职一体化办学的项目研究、队伍建设、课程设置等中高职一体化办学体系建设。

# 中高职一体化办学的衔接点研究

河南职业技术学院 彭志宏

中职与高职教育是两个不同阶段和层次的职业教育,在经济社会发展需求的不同时期都承担着应用型、技能型人才培养的重任。但是随着社会经济增长方式的转变、产业结构的不断调整,以及建设中原经济区的进程不断加快的需要,人才需求逐渐趋向高层次化,即高技能应用型人才。随着经济发展方式的转变,职业技术教育也面临着新的要求,之前的中职和高职各自关门办学已经不能适应社会发展的需求。在大力发展高等职业技术教育的同时,如何做好中高职之间的一体化办学,并使之有效衔接已经成为关系到职业教育健康发展的重要而迫切的问题。教育部 2011 年 9 号文件提出了关于推进中等和高等职业教育协调发展的指导意见。我院在办学过程中,始终重视中职教育和高职教育的衔接,并取得了显著的成效。

## 一、学校定位衔接

中职与高职教育是同类性质的两个不同阶段和层次的教育。具体来看,中等职业教育是在高中教育阶段进行的职业教育,目的是在九年义务教育的基础上培养技能型人才和高素质劳动者。中等职业教育主要由中等职业学校实施，招生对象主要是初中毕业生和具有初中同等学力的人员。高等职业教育是职业技术教育的高等阶段，是中等职业教育的延续和提高阶段，其目的主要是使求学者获得某一特定职业或职业群所需的实际能力（包括技能和知识等），提供其通向某一职业的道路。高等职业教育主要由高等职业院校实施，招生对象主要是高中毕业生或具有高中学历层次的三校生（来自中专、中职和技校的学生）。

中高职院校的不同定位，使得中高职一体化办学的未来成为可能，即中职学校担负职业教育的基础性功能，高职院校担负职业教育的高层次功能。具体来说，学生在中职学校学习基础文化知识和基本的专业技能，体现职业教育初级层次的基础性和普及性。此阶段学习期满后再进入高职院校学习某一职业所必需的知识和高端技能，这个阶段要体现职业教育的高层次的专业性，要有一定的纵深度。

## 二、招生方式衔接

随着高考人数的连年下降，本科院校和专科院校之间的生源竞争日益突出，高等职业院校的招生形势越来越严峻，生源不足会成为制约高职教育发展的因素，所以高职院校必须拓宽招生渠道，有效补充生源。如果中高职一体化办学得以实现，中职学校的学生将能有效地补充到高职院校，同时也为中职毕业生打开了更为宽广的出路。目前以下几种方式可以给我们提供中高职招生方式衔接的成功经验和借鉴：

### （一）五年制

五年制是指一个高职院校与几个中职学校形成的衔接模式，通常叫五年一贯制，具体可分为“3＋2”和“2＋3”两种形式，即学生在接受完中等职业教育(三年或两年)的基础上再接受高职教育(两年或三年),毕业后获得相应的中职和高职文凭。

我院从2003年以来开展"3+2"联合办学,先后与河南省信息工程学校、洛阳旅游学校、河南林业学校、河南省工业学校、平顶山财经学校等10余所中职学校签订了"3+2"合作办学协议,这些学校每年为我院输送千余名学生。

**(二)对口升学**

对口升学是中职与高职各自根据自己的学制年限进行教育,部分中职毕业生(中专、技校、职高毕业生)完成三年中职学习,通过对口升学考试进入专业对口的高职院校接受两到三年的高职教育模式。10多年来,我院每年对口招生中职应届毕业生1000多人,涵盖机电、电子、计算机、财经等17个专业,占年招生计划的1/6以上。

**(三)直升入学**

直升入学是在一所高职院校内部实施的模式。由高职院校直接招收初中毕业生入学,前三年按中专教学计划实施教育,然后按三年的学业成绩和综合表现择优选拔部分学生升入专科,再学习两年,完成高职专科学业,考试合格颁发专科毕业证书。

**(四)单独招生**

单独招生是高职院校根据国家有关规定,吸引一部分中职学生参加高职院校根据不同专业要求组织的"知识+技能"的自主招生考试后取得高职的入学资格,进入高职院校学习的升学模式。

我院作为国家示范性高职院校,从2010年开始进行单独招生,经过四年的运作,取得了单招的丰富经验。一是招生规模不断扩大,由2010年的4个示范性专业300人,扩大到2013年的17个专业1000人;二是招生方式不断创新,录取依据由最初单纯的理论考试，发展到理论考试与技能考试并重，体现了高职教育“知识＋技能”的特色。2013 年，我院试点单招的 17 个专业计划招生 740 人，共有 2127 人报名，其中普通高中考生和各类中职考生分别占总人数的 56.37％和 43.63％。为了给更多考生提供优质的教育资源，我院报省教育厅批准，又增加单招计划 260 人，使总计划达到 1000 人。经过文化课考试和职业能力或专业技能测试，录取新生 1005 人，超额完成了招生计划。

此外，教育主管部门可鼓励探索高职院校与中职学校开展联合招生，并由两所或多所中高职院校共同制定招生专业、招生方案和招生规模，当学生在中职学校学习期满，顺利毕业后，可直接进入高职院校进行下一阶段的学习。

## 三、教学衔接

教学衔接是中高职一体化办学的落脚点，也是重中之重。

### （一）专业衔接

中高职教育衔接很大程度上取决于专业的衔接，中高职在专业设置上的共同要求是，从地区和行业经济发展和产业升级的实际需要出发设置专业，而不是按照普通高等教育模式设置专业。只有中高职专业建设规范化，创新和完善具有订单特色的“2＋1”人才培养模式，走产教研结合、校企合作、顶岗实习的职业教育必由之路，才能促进中高职课程的有效衔接。我院的专业设置和调整，都是紧密围绕中原地区社会经济发展和产业升级的需要，重点打造对人才需求旺盛的机械类、电子电器类、汽车类和服务类等优势专业，带动与我院联合办学的中职学校加强此类专业建设，为后续的课程衔接奠定基础。

**(二) 教学方法衔接**

根据中高职课程结构体系,中高职教学方法也应有所侧重。在中职学习阶段,要重视学生基础文化知识和专业基础理论知识的学习,依据各校硬件建设的现状,可采用以讲解、演示为主的教学方法。采用以讲、演为主的教学方法主要是为了验证专业理论知识,使学生明白其中的科学原理。在高职学习阶段,理论知识的学习处于次要的位置,学习的重点应侧重在实践操作能力的培养,可采用演示、练习、讲解的教学方法。尤其是练习环节,应该成为高职学生学习的主要方法,通过练习,掌握操作技能要领,以练代学,以练促学,并在练习中得到创新和提高。我院创新并运用了讲、演、练、评四位一体的教学模式,不仅在本院各专业教学中推广,同时有十几所中职学校来我院考察学习,将其推广运用,取得了良好的教学效果。

**(三) 师资队伍衔接**

中职教师和高职教师是现代职业教育体系中的主体,有共同的使命,为了提升职业教育服务经济社会发展的能力和支撑国家产业竞争力的能力,系统培养生产、建设、服务和管理一线的高素质劳动者和技能型人才。“纵向一体化”是指中职和高职的上级管理部门,包括教育部、省市教育厅(局)在管理归属上的一致性。通过中高职教师一体化管理,推动中高职教育一体化建设,促进职业教育科学发展。“横向一体化”是指高职院校和中职学校教师管理系统的对接管理。如同专业的教师在专业建设、课程建设、实训基地建设、科研和社会服务上协同发展,共同提高;如同职能的管理部门在管理上协同交流,互通有无,资源共享。

## 四、培训衔接

目前，国家已组织全国许多高职院校开展国家级的职业教育师资培训项目，许多省份举办了省级职业教育师资培训班。中高职院校可以依托这些培训项目进行培训和交流，这些培训不仅仅要求自上而下的传授，最重要的是沟通和交流，以此促进中高职教育的衔接。

我院作为河南省中职师资培训基地，每年利用假期开展中职师资培训，为我省中高职教育协调发展做出了自己的贡献。2008年以来，我院开办中职师资培训班，共培训机械、电子等大类17个专业的中职教师312人次，培训质量优秀，受到了培训中职学校和教师以及省教育厅主管部门的好评。根据《河南省教育厅关于做好2012年度河南省高等职业院校素质提高计划骨干教师培训工作的通知》(教高〔2012〕564号)精神，我院作为国家和省高职教师培训机构，2012和2013年分别承担了数控技术专业和汽车监测与维修专业国家级国内培训，数控技术专业省级顶岗培训，机电一体化技术专业、音乐表演专业和信息安全技术专业省级省内培训六个培训项目任务，共有来自40多所高职院校的240余名专业骨干教师参加了培训。参加培训的学员普遍反映，培训使他们更新了教育教学理念、拓宽了视野、掌握了先进的职教教学模式和方法，对自身专业能力的提高有很大的推动作用。

2013年，河南省政府批准在我院设立“河南省高技能人才公共实训鉴定示范基地”，主要任务是培养河南省支柱产业、高新技术产业、传统优势产业急需的高级工及以上的技能型人才，面向职业院校学生、企业在职职工、培训机构教学人员、社会失业人员、军队转业人员、农村转移劳动力等服务对象提供技能培训、技能鉴定服务、技能竞赛和应用技术研究等服务。公共实训鉴定示范基地以数控加工技术、机电设备技术、汽车维修技术、自动化控制技术、电子应用与通信技术、信息与网络技术、动漫与图像处理技术、电子商务及物流技术八大技能实训鉴定基地为基础,重点打造九个高技能型人才的培训、鉴定工作室,工作室在导师的带领下完成培训项目开发及培训方案制定,承担新技术、新工艺、新产品的高技能型人才培训任务,同时还为企业提供技术技能交流和技术攻关等服务。该基地的建设和运作将为全省行业、企业、职业院校提供高技能型人才培训、职业鉴定、技能竞赛等服务,对实现全民技能振兴,促进我省职业教育健康快速发展发挥重要作用。

## 五、依托职教集团进行多方面衔接

职教集团是为了整合某一领域的教育资源,由政府、企业、行业协会、高职院校、中职院校等参与而设立的现代教育组织。

依托河南省人力资源和社会保障厅,由我院牵头,联合新乡职业技术学院、河南工业技师学院等 17 所职业院校和河南省劳动就业训练中心、河南航天金穗电子有限公司等 14 家企事业单位成立了河南省现代制造技术技工教育集团。集团成立几年来,运作良好,在中高职院校联合办学、共同培养人才、促进我省职业教育发展方面取得了一定成绩。

中高职院校可依托职教集团,不断加强院校之间不同层次的交流与合作,为社会培养优秀的高技能型人才;各理事单位建立信息交流平台,共享信息资源;开展人才需求市场调查,协调招生、就业、对口升学等事项,以集团名义对外开展就业、招生工作;结合专业特点,建立专家指导委员会,进行专业设置、专业改造、教学改革与创新、对外服务等方面的研究与探索,成果共享;在有关部门的指导下，定期组织集团内院校间的业务竞赛、评比，统筹安排教师业务培训，制定统一评价标准，定期开展学生技能鉴定、技能比赛等活动；统筹协调，优先为成员院校解决学生实训、实习、就业及专业师资等困难；集团内各院校在对口升学、联合办学方面享受优先权；协调实行学分制的院校，同层次、同专业的互认学分，进行课程开发、教材开发与编写；推介集团内外职业教育经验，开展校园文化建设，组织各种参观考察活动，推进管理创新等。

# 实现中职与高职教育有效衔接的对策

开封大学 李明

2012 年 10 月 10 日,国务院总理温家宝主持召开国务院常务会议,决定扩大中等职业教育免学费的范围。会议决定,自 2012 年秋季学期起,将中等职业教育免学费的范围由涉农专业学生和家庭经济困难学生,扩大到所有农村(含县镇)学生、城市涉农专业学生和家庭经济困难学生。同时,将中等职业学校国家助学金资助范围由一、二年级农村(含县镇)学生和城市家庭经济困难学生,分步调整为一、二年级涉农专业学生和非涉农专业家庭经济困难学生。随着中职教育的推广,后中职时代与高职前时代的有效衔接问题就凸显了出来。

## 一、中职教育与高职教育的现状分析

### (一)中职教育教学的现状

1. 社会认可度偏低,招生较为困难

目前,仍然有一批人在看待中职教育问题上戴着有色眼镜,对中职教育没有充分的认识,认为中职教育的地位仍然无法与普通教育同等,甚至在一些人的眼中,中职教育只是非主流教育。中职教育自身也缺乏吸引力,由此引发了一系列连锁反应,比如每年中职教育招生困难的问题。在每年的招生工作中，各个中职学校都会想尽各种办法招揽生源，有的地方实行招揽生源给予一定量回扣的办法进行招生，有的地方对考生给予各种优惠政策的承诺。这些方法可能在招生工作开展之初会取得一定的成效，但是在招生工作完成之后就会有学生辍学的隐患，生源的流失会增加，大部分中职学校每年的新生报到率严重降低，而在招生工作中采用回扣等方法进行招生是严重的不规范行为，这种行为不利于学生进行主观上的择校，同样也会引起学校之间的恶性竞争，从而使本来就存在招生困难的中职学校雪上加霜。

2. 办学特色单一，实训难以配套

中职教育主要是对学生的职业技能进行培养，通过对学生进行各种技能的教育和实习实践来培养学生的职业技能，从而使学生拥有较高的工作能力，但在较长的时间里，中职学校并没有树立正确的办学位置和办学理念，而是在慢慢地走向学历教育，通过学生的高升学率来吸引学生生源，中职教育的核心即学生的职业技能和实践教育往往在很大程度上被轻视。

大多数中职学校通常按照普通教育的教学方法和教学理念来进行，职业技能和实践教学的培养只是停留在肤浅的表面层次，专业设置没有很好地跟当前社会的经济发展相关联，开设面狭窄，办学方法死板，这些问题都严重地制约着中职教育的良性发展。

3. 专业教师短缺，师资队伍不稳

中职教育发展的主要障碍在于大部分中职学校的专业教师在数量上和结构上都存在不足。在当前情况下，受编制等制度问题的限制，专业教师在数量上仍然达不到应有的水平。目前有限的中职教师队伍中仍然存在着理论课教师的数量远远超过实训课教师的数量的现象，“双师型”教师（既具有担任专业理论课的教学资格,又具有担任专业技能课的教学资格的教师)的比例更少。在最近几年的发展中,中职教师大多是从普通高校本科毕业生中招聘,这部分教师由于其本科所学专业与中职教育开设的专业不尽相符,缺乏相关的实训经验,所以这部分教师的教学效果不是十分理想。

**(二)高职教育教学的现状**

1.教学实际与中职教育脱节

中职教育和高职教育的专业设置都要求紧密围绕经济和社会发展的要求来设定,所以在中职教育和高职教育中就会出现部分专业名称相似的情况,无法体现出高职教育是以中职教育为基础的教育,已有一定专业知识和实践能力的中职毕业生能否在高职教育阶段提升素质和能力就值得怀疑。目前,高职院校的生源中普通高中毕业生占较大部分,但大多数高职院校对普高生源和中职生源不加区别,采用相同的教学模式和培养方案,忽视中职生源学生的实际需求。

2.与中职教育教学计划雷同

中高职教育在教学计划上存在的突出问题是重复教育。据统计,中职教育和高职教育类似专业的教学计划重复率在30%左右。这意味着中职学生对高职阶段很多课程的重复学习,造成了教育资源的极大浪费。

3.重视专业教育而忽视素质教育

相对于中职教育来说,高职更突出专业学习。一些院校过分强调学生专业能力的培养,忽视了学生综合素质的教育,致使高职学生综合素质低下、后续发展的能力不够。

4.缺少与人才培养目标相适应的实训基地

高职教育是面向生产、建设、管理、服务一线培养高级技术技能型人才的教育，所以实训基地的建设尤为重要。而建设与工作现场实际雷同的实训基地，需要投入大量资金，而目前多数高职院校力不从心。一些高职院校与行业、企业的联系不够，校企合作只限于表面，致使实践教学效果不佳。

## 二、中职教育与高职教育衔接中存在的问题

### （一）中职与高职培养目标的衔接不够

中职的培养目标定位于培养实用型中级技术人才。但是就目前的教学实际来说，受学校教育理念和学生基础所限，大多数中职学校不重视基础理论的学习，一味专注于学生实践操作技术的培养。而高等职业教育旨在培养掌握本专业必备的基础理论和专门知识，具有从事本专业实际工作的全面素质和综合职业能力，在生产、建设、管理、服务等第一线工作的高级技术应用型人才。这样，中职学生在进入高职院校后就很难适应高职更广、更深的理论学习要求。

### （二）中职与高职的课程设置衔接无效

在课程设置中，有些中职学校一味压缩文化基础课，对与专业联系不密切的课程更是毫不吝惜，所开课程均是对口高招必考课程，没有将学生整体文化素质的提高和继续学习能力的培养作为重点，致使中职与高职的课程设置衔接无效。

### （三）中职教育与高职教育的发展不对接

目前，中职学生入学门槛较低，学生文化基础知识较差，很多学生在初中阶段就没有养成良好的学习习惯，厌学、逃学现象普遍存在，使得中职学校正常的教学内容难以完成，教学计划无法实现，使中职教育明显滞后于高职教育的发展。

## 三、促进中职教育与高职教育有效衔接的对策

### (一) 做好中高职培养目标的有效衔接

高职教育与中职教育在培养目标和培养模式上既要有一致性,又要有层次上的区别。高职培养目标的定位应该体现出“高”,这种“高”不仅体现为比中职教育有更深、更广的专业理论,而且体现为技能上的高级以及具有更强的综合素质与创新能力。中职与高职教育的人才培养宗旨是以培养学生的应用能力为主线,所以在中高职各阶段都要把握好理论知识够用的原则。中职教育阶段不仅要关注学生的就业需求,还要关注部分学生的升学需求,切实处理好课程设置问题。目前在中高职阶段推行的“双证制”,要体现出职业资格的阶梯递进,中职教育定位于初、中级,高职教育定位于中、高级。这样使高职教学在理论、知识与技能三条主线上都比中职高一个台阶,做到中高职培养目标的有效衔接。

### (二) 做好中高职专业设置的有效衔接

高职教育的专业设置要适应经济发展,要与当前我国产业结构调整和就业结构变化同步,这是高职发展的本意所在。要紧跟产业发展的步伐,紧密联系行业、企业,进一步规范中高职教育的专业设置,研究制定出统一的中高职专业目录;加强高职的专业建设,适当地调整、增设经济发展所需的新专业,做好与中职专业设置上的衔接。课程设置应采用模块式教学,注重培养学生所需的各种知识和能力。

### (三) 做好学校与社会合作的有效衔接

从中职教育到高职教育,其目的是增加学生的人力资本,培养其职业技能。职业教育所培养出的职业技能必须通过就业进行检验,因此在中职教育和高职教育的发展过程中,多种形式的合作是

促进中高职教育质量提升的主要途径。中高职教育的质量主要反映在所培养学生的质量方面，包括短期内的就业水平和长期的发展水平，而不同形式的合作有助于中高职教育深化与市场信息的结合，在常规的发展中不断调整自身的培养方式和教育模式。

作为合作双方，中高职学校是充任培养不同岗位人力资源的角色，社会是充任提供不同岗位和不同岗位领域信息的角色，合作双方存在着资源互补，因此才会有合作发展的空间。学校与社会合作的主要形式有校企合作、校地合作、校校合作等。加强中高职之间的衔接，有必要强化多种合作形式的衔接，即形成长期、动态的合作。具体而言，长期的合作主要是从时间方面而言，从中职教育到高职教育的时间跨度内，以培养协议、合同契约等具有法律效力的文本为约束，保证在涵盖中职到高职教育发展的时间范围内，学校与社会的合作长期稳定开展。动态的合作主要是侧重在中职到高职教育的发展中，随着教育阶段的不同，培养目标、培养方式、实践手段的合作应形成动态的适应性，即建立学校与社会合作的动态长效机制，以时间或目标为总要求，灵活运用学制、培养方式、课程内容等手段，结合不同的教育阶段、就业环境等外部因素，采取动态的合作形式。在学校与社会长期的动态合作中，应坚持“一贯稳定、灵活弹性”等原则。以学校与社会合作的不断深入，保证中职向高职发展中，学生、学校、社会的共同发展。

**（四）完善“第三部门”的建设**

中职和高职教育的衔接，主要是面向市场对人才的需求，旨在提高人力资源的培养质量。在市场中，就中职和高职教育而言，政府和企业有积极参与职业教育发展的责任，同时，作为市场中不可忽视的力量，“第三部门”对中职和高职教育的衔接也有重要作用。由于第三方并非主要的利益相关者，所以，在中职和高职教育的衔接中,“第三部门”将发挥较为客观的作用。

在我国的市场体系中,“第三部门”主要是指除第一部门(政府)和第二部门(企业)之外的所有组织的集合。完善“第三部门”的建设,主要是基于“第三部门”的正规性、非营利性、民间性、自治性等特征,充分发挥其独立于利益相关群体之外的咨询、评价、监督等作用,以此为中职和高职教育的有效衔接提供保障。由于中职和高职教育是以培养实用型、技能型人才为主,所以对人才的市场信息应有一个科学的认识。在中职和高职教育的衔接中,采用何种形式、以何种途径进行衔接,应考虑市场信息的重要性,尤其是来自于非利益相关者方面的市场信息。比之于政府和企业,“第三部门”的特征就决定其有能力提供较为客观的市场信息,并给出客观咨询、评价、建议。对于中职和高职的衔接而言,决定衔接效果的主要因素包括学生的培养质量,学校通过学生所产生的对企业、地区的经济发展的贡献等,所以“第三部门”可通过多样化的信息资源库、公益性的咨询机构等形式,为中职和高职教育的师生、管理者、政府部门、企业等提供充分的市场信息。

# 中高职一体化办学的研究与实践

## ——以济源市为例

济源职业技术学院　郝小会

探索具有河南特色的现代职业教育体系，是发展现代职业教育的必然要求。河南省要把人力资源大省变为人力资源强省，更好地服务于中原经济区建设，必须大力发展职业教育。就河南而言，构建现代职业教育体系，当前要解决好两个问题：一个是提升层次问题，另一个就是解决好中高职衔接、实现中高职一体化办学问题。解决好第二个问题尤为重要，这是由我省的具体情况决定的。河南省的职业教育这些年发展较快，尤其是高等职业教育可以说是取得了长足发展，学校数量已达70多所，在校生规模几乎占高等教育的半壁江山，无论是在数量还是在办学质量上都有较大的提升。但是，目前高等职业教育也面临着前所未有的发展危机和挑战，部分高职院校可能重蹈过去中职学校的覆辙。为了避免这一现象的发生，必须进一步加强对中高职一体化办学的研究与探索。

## 一、中高职一体化办学在构建河南特色现代职业教育体系中的作用

### （一）中高职一体化办学是构建现代职业教育体系的基础和关键

构建现代职业教育体系，有效促进中高职协调发展，系统培养

高端技能型人才,适应经济发展方式转变和产业结构调整要求,增强职业教育支撑产业发展的能力,实现中高职教育协调发展,中高职一体化办学是关键。

首先,在职业教育体系中,中职处于最底层,中高职衔接是第一个链条。第一个链条没衔接好,整个体系构建就不牢靠。

其次,中高职一体化办学是人民群众接受职业教育的真正要求。目前,中高职没有做到有效衔接,没有实现真正意义上的一体化办学,而仅仅是基于学历嫁接的教育层次上的简单衔接,或多是基于招生因素的临时举措,没有体现终身教育的理念,不能满足人民群众接受职业教育的根本需求,不能满足经济社会发展对技术技能型人才的需求。

最后,中高职一体化办学是解决职业教育生源问题的关键。要构建职教体系,源头问题必须解决好,即生源的数量和质量应有保障,否则构建现代职教体系就无从谈起。

**(二)中高职一体化办学是提高职业教育人才培养质量的有效措施**

构建现代职业教育体系的目标是提高职业教育的人才培养质量,满足经济社会对各类技术技能型人才的需求。是否能够培养大批合格的技术技能型人才,课程体系的衔接最为关键。就目前中高职衔接的模式来看,比如“3+2”、对口升学等,都没有有效解决课程体系的衔接问题,而其带来的课程重复、学习时间浪费、教学资源浪费等问题,直接影响到人才培养的质量。只有真正做到中高职一体化办学,以课程衔接体系为重点,全面促进人才培养目标、专业设置、教学资源、招生制度、评价机制、教师培养等领域的有效衔接,才能切实增强人才培养的针对性、系统性和多样化,构建真正意义上的职业教育体系。

## 二、中高职一体化办学过程中存在的问题

中高职一体化办学过程中存在较多的问题，具体体现在以下几个方面：

第一，缺乏系统设计、统一规划。中高职一体化办学应结合中原经济区建设及产业转型，制订切合实际的规划。另外，应在政府的主导下，学校、行业、企业积极参与，共同制订中高职一体化办学的规划。

第二，体制机制没有创新，没有打破政府、行业等各级主管部门的条框束缚，各类中高职学校之间仍各自为战，封闭办学。没有形成互惠共赢、共同发展的局面。

第三，课程衔接不紧密，专业设置不对接。课程衔接是中高职一体化办学的重点和目标，也是中高职一体化办学的重要评价指标。如果专业设置不对接，课程衔接就无从谈起。

第四，教学资源共享度差，职教资源整合不够，造成师资、学时、设备都存在不同程度的浪费。

## 三、济源市中高职一体化办学的探索与实践

那么，如何有效实现中高职一体化办学呢？经过几年的探索和研究，济源市的做法是“政府主导，创新机制，统一规划，共同发展”。

### （一）政府主导，以职教园区建设为契机，构建中高职一体化办学新格局

济源市根据产业结构调整及区域经济社会发展需求，提出“大力发展职业教育，做强职业教育，打造职教品牌”这一战略发展思路。在认真分析和研究济源市职业教育的现状及产业经济发展的

基础上,市委市政府2011年果断决定整合全市职教资源,建设济源职教园区,实现中高职一体化办学,提高职教人才培养质量,积极构建现代职教体系,为区域经济建设培养多层次实用型人才。

资源整合特色:职教园区依据办学类型,对全市所有中高等职业院校进行整合后集中入驻,形成了以公办为主导,公办、民办共存的多元化办学模式;节约了办学用地,实现了统一管理,教学资源互补共享,专业和师资得到进一步优化和强化,为实现中高职一体化办学、做大做强职业教育奠定了坚实基础。

校企合作特色:整个园区以校企合作为突破,积极引入富士康科技集团进校办厂、奇瑞公司进校建店,提升职业教育人才培养水平;积极吸纳社会资金建设后勤设施,加快园区建设力度;深入开展专业与产业对接、中职与高职衔接、教育与培训融合、生产与实训结合的活动,全面服务济源区域经济发展。

**(二)创新机制,以职业教育集团组建为纽带,统领中高职一体化办学**

打破传统的、封闭的、条块管理模式,实行开放的、有机的、统一的管理模式。目前职业教育普遍存在条块分割现象,各自为政,封闭办学。各级各类职业学校主管部门较多,还有公办、民办之分。那么,如何实现各级各类职业学校有效衔接,做到真正意义上的一体化办学呢?必须创新机制,以集团化运作模式统领中高职一体化的办学模式。

本着以服务济源建设中原经济区"三化"协调发展先行为宗旨,以人力招募和就业为导向,以培养高素质劳动者和高端技能型人才为目标,以"资源共享、优势互补、利益共赢、风险共担、共同发展"为原则,以职教园区建设为契机,市政府决定以济源职业技术学院为依托,建立政府主导、行业指导、企业参与、中高职相衔接的紧密型职业教育集团，促进校企之间、院校之间全方位合作，引领济源职业教育改革发展，打造“济源职教”品牌。2013年4月，河南省教育厅正式批准成立济源职教集团。

济源职教集团是以政府为主导，由区域内各中高职院校、企业、行业协会，按照平等、互利、自愿的原则组成的产教联合体。济源职教集团的任务主要有以下几个方面：

第一，搭建院校合作平台，共享图书、师资、设施等优质资源，避免重复投入。实现中高职良性衔接，建立中高职直通车，提升职业教育质量，促进集团规模发展。集中优质教育资源，为获取国家级、省级教育项目奠定基础，提升职教集团内各院校的竞争实力。

第二，搭建校企合作平台，促进产教研结合，服务济源经济建设和社会发展。通过政府主导、产业带动，共享院校、行业、企业人力资源，共建实习实训基地和经济实体，促进行业、产业与职业教育有机结合，实现校企双赢，推动济源职业教育和经济建设同步发展。

第三，搭建就业信息平台，较好满足企业对初、中级和高技能型人才的需求。在政府主导下，院校按照行业、企业的要求培养人才，解决企业用工需求，定期、及时公布用工需求及毕业生信息，协调、保障企业用工需求，提升人员就业质量。

第四，搭建职教研究平台，提升教学研究水平。主要针对中高职院校的办学机制、专业建设、课程资源建设、教学改革、招生就业、办学模式等进行课题立项研究，为济源职业教育的可持续发展提供依据。

第五，搭建技术培训平台，实现人力资源培训与服务经济建设和社会发展能力持续提升。以职教园区建设为契机，共享技术培训场所、设施等资源，开展多种形式的技术交流，建立技术培训与科技服务互助机制,促进集团成员单位共赢发展。

第六,搭建对外交流合作平台,促进集团内部各成员单位的可持续发展。定期组织集团各成员单位到职业教育先进地区进行实地考察、学习交流,借鉴先进经验,并结合实际情况进行深入研究,打造具有济源特色的职业教育品牌。

**(三)统一规划,共同发展,实现中高职一体化办学、互惠共赢**

济源市委市政府围绕区域产业布局,统一规划,顶层设计全市职教发展,制订"十二五"全市职教发展规划,以课程衔接为重点,以专业对接为目标,以资源共享为手段,进一步深化院校合作、校企合作,实现中高职一体化办学、互惠共赢、共同发展。具体做法如下:

第一,整合市工业学校、旅游学校、一职高、三职高、四职高、劳动局技工学校和民办高级技工学校等九所职业学校集中入驻职教园区中职校区;职业技术学院的高职校区,先期入驻医疗护理系、机械工程系、建筑工程系、交通工程系四个系部,以达到专业对接、资源共享。

第二,将济源市卫生学校整体并入济源职业技术学院。从2010年开始,市委市政府全力支持济源职业技术学院开办护理、康复治疗技术专业,在条件成熟时,将济源卫生学校整体并入济源职业技术学院,真正实现中高职一体化办学。目前,济源职业技术学院的护理专业已成为中央财政重点支持专业,康复治疗技术专业已开始招生。

第三,积极引导,合理布局中职学校和济源职业技术学院五年一贯制招生计划。开展"3+2"、对口升学、单独招生、成人招生等院校联合办学模式,达到互惠共赢、共同发展。

第四,在职教园区内,共享校企合作成果。济源职业技术学院与富士康科技集团共建的教学实习工厂就位于职教园区高职园区内，学院建设1.8万平方米的厂房和基础设施，富士康科技集团投资6000万元的设备和产品订单，在生产产品的同时，依据不同岗位的需求，满足职教园区内中高职5000多名机电类专业学生的顶岗实习要求。奇瑞公司进驻职教园区办厂，解决中高职1000多名汽车专业学生的实习需求。2013年，济源职业技术学院与深圳尚荣医疗设备有限公司共同建立了济源尚荣医疗护理学院，组建了康复治疗技术专业，极大地改善了医疗卫生类专业2300多名中高职学生的实习实训条件。这些都为中高职一体化办学奠定了良好的基础。

**（四）引进应用型本科项目，合作共赢，积极构建现代职业教育体系**

济源市人民政府与黄河科技学院合作共建应用技术学院项目，2013年获得批准招生。本着专业对接、资源共享的原则，计划在机械、电子、汽车、高护等专业进行招生，积极构建现代职业教育体系。

总之，构建现代职业教育体系是中国职业教育发展的必由之路。中高职一体化办学是构建具有河南特色现代职业教育体系的基础和关键。济源市在中高职一体化办学过程中探索总结出的一些做法，对推动河南省乃至全国中高职一体化办学都具有一定的指导意义。

# 中高职教育一体化办学的研究

河南水利与环境职业学院 黄功学

## 一、河南省推行中高职教育一体化办学的可行性分析

### (一)政府出台相关政策为中高职教育一体化办学提供了保障

2010年,《国家中长期教育改革和发展规划纲要(2010~2020年)》明确将中等和高等职业教育协调发展作为建设现代职业教育体系的重要任务。2011年,《教育部关于推进中等和高等职业教育协调发展的指导意见》指出:必须树立系统培养的理念,明确人才培养规格、梯次和结构。2012年,《河南省人民政府关于创新体制机制进一步加快职业教育发展的若干意见》指出:要以课程体系为纽带,以"知识+技能"的考试制度改革为支撑,实现中职、高职、本科和研究生等各层次职业教育的内部贯通,提高学生可持续发展能力。这些政策的出台为我省中高职教育一体化奠定了基础。

### (二)国家区域发展战略为中高职教育一体化带来了机遇

2011年,《国务院关于支持河南省加快建设中原经济区的指导意见》把中原经济区建设上升到国家战略。2012年,国务院正式批复同意郑州航空港经济综合实验区的战略规划,郑州航空港

经济综合实验区建设使郑州市朝着国际航空物流中心、国际化陆港城市、国际性的综合物流区、高端制造业基地和服务业基地方向发展。中原经济区建设、郑州航空港经济综合实验区建设需要数以百万计的中、高等技能型人才，这为我省的中高职教育带来了良好的发展机遇。如何通过中高职教育一体化办学，为区域战略实施提供更高层次和更多数量的技能型人才支撑，是我省职业教育面临的急迫任务。

**（三）河南省已具备中高职教育一体化办学的条件**

我省职业教育在全国占据着重要地位，发挥着重要作用。全省现有高职院校 72 所、在校生 72 万人；现有中职学校 800 多所、在校生 190 万人。近年来，我省共投入资金近 200 亿元，实施职业教育建设项目 420 多个，全省建成 7 所国家级高职示范院校和骨干院校、11 所省级示范和骨干院校；62 所国家中职改革发展示范校正在建设或已经立项；规划建设了 18 个职教园区，目前已入驻学校 21 所，入驻学生 8.6 万人。2012 年，我省又启动了 100 所省级职业教育品牌示范院校和 200 所特色院校建设项目，项目预计投资 10 亿元。中高职院校的办学实力得到了较大提升，为实施中高职教育一体化办学奠定了物质基础。

**（四）职业教育办学规律决定了中高职一体化发展**

中等职业教育和高等职业教育同属职业教育范畴，其鲜明的特征都是职业性和技术性，只不过教育层次上有所区别。中高职教育的培养目标在于职业岗位的学历层次与知能内涵的不同。高等职业教育是高等教育的一种类型，属于高等学历教育，高等职业教育要比中等职业教育对岗位的要求高，它要求学生具有较高的理论基础和较强的动手能力。既然中高职教育同属职业教育类型，那么二者的一体化发展就成为必然。

## 二、河南省中高职教育一体化办学存在的问题

### (一) 管理体制不完善

虽然教育部出台了促进中高职教育协调发展的意见,我省也出台了相关文件,但相关配套政策和措施并不完善,全面推进中高职教育一体化办学缺乏宏观政策支持。在管理体制上,高等职业教育归省教育厅高教处管理,中等职业教育归省教育厅职成处、省人力资源和社会保障厅职业能力建设处管理,在统筹中高职教育协调发展、一体化办学方面步调不一致,中高职教育一体化办学受到较大限制。职业教育系统内部普通职业院校和技工院校并存,分属不同部门管理,技工教育与普通职业教育的沟通衔接存在制度上的壁垒。职业教育管理政出多门、条块分割,是实施中高职教育一体化办学需要首先解决的问题。

### (二) 一体化办学渠道单一

中高职教育一体化办学的核心问题是中职教育和高职教育的有效衔接。目前我省采用的衔接模式中,“3+2”和五年一贯制模式能够统筹安排和整体设计中职、高职两个阶段的培养过程,对技能型人才培养具有一定优势,但国家只允许在办学条件较好的中职学校或高职院校举办,规模受到限制。面向中职毕业生的对口升学模式,考试偏重于文化课,考试科目与中职学校开设课程存在较大程度的脱节,导致中职学校的教学为“升学”而教,偏离职业教育的宗旨。初中起点的学生通过专升本考入本科院校的极少。完整的现代职业教育体系尚未形成,高层次的职业教育镶嵌于普通教育体系中,没有明确哪些本科院校是应用型本科,职业教育体系目前基本上是个断头路。

**（三）中高职衔接呈现“一头热、一头冷”的状况**

目前，在我国现行的高职招生录取政策中，高职院校生源主要以普通高中毕业生为主，而中职毕业生反而成了补充生源，这与《中共中央关于教育体制改革的决定》中提到的高等职业技术院校优先对口招收中等职业技术学校毕业生以及有本专业实践经验、成绩合格的在职人员入学的政策偏离很大。应用型本科也是如此。高职、应用型本科院校招收职业类毕业生的数量不足当年招生计划的10%。许多高职院校宁愿跟在普通高校后面网罗生源而不愿招收有一定职业训练的中职毕业生，二本、三本院校特别是二本院校也不愿招收高职毕业生，形成了中高职学生想继续学习，却因名额有限求学无门的现象。与此相反，中高职学校却在积极地为学生架设各种升学平台，如开设文化课补习班，对想升学的学生单独编班集中辅导，以提高升学率作为学校招生的一个亮点。于是就出现了中职与高职、高职与本科之间缺乏沟通与来往、专业设置脱节、课程内容不衔接的现象。

**（四）招考政策不完善**

在目前普通高招普通高中毕业生本科录取率达40%、专科以上录取率达88%的情况下，职业学校的学生参加高一级学校学习考试的比例和录取率却很低。根据我省2013年高招计划，参加对口招生考试的有31761人，不足当年中职毕业生总数的5%；专升本41756人，不足毕业生的20%；录取2.6万人，仅为毕业生总数的10%左右。虽然我省在2013年有39所高职院校另行组织自主招生考试，但毕竟能够升入高职的中职学生还是少数。在考试内容设置上与中高职所学专业课程脱节。对口招生以文化课考试为主，专升本仅考两门文化课。招生考试政策的不完善严重影响了高职和本科院校招生的数量和质量，也制约了中高职教育的顺利衔接。另外,政府不利于中高职教育衔接的有关政策也是导致中高职衔接不足的原因之一。例如教育部、国家发改委教发函〔2006〕4号文件规定各地安排高职院校对口招收中等职业教育应届毕业生的规模不得超过当年本省(区、市)中等职业学校应届毕业生的5%,各省(区、市)五年制高职招收初中毕业生的招生规模不得超过当年本省(区、市)高职(专科)招生计划的5%,各地普通专升本教育的招生规模要严格控制在当年省属高校高职(专科)应届毕业生的5%以内,这些规定非常不利于中高职教育的衔接。

**(五)升到高一级院校的学生的专业技能提升有限**

中高职学生报考高一级院校时一般都怀揣梦想,想在专业能力和综合素质方面得到提升,但现在很多学生升入高一级院校后都强烈地感觉到,高一级院校的课程与其原来学习的课程不衔接,存在脱节和重复的现象。课程脱节是因为两类学校的培养目标不同导致课程结构存在差异,课程重复表现在科目重复、内容重复,其原因是中职与高职、高职与本科之间缺乏贯通的专业人才培养方案、课程标准和教材。有研究显示,财经类、管理类等专业科目相同率达80%以上;对一些中高职院校名称相同的课程进行对比后,我们发现,其课程内容重复率达30%~60%。在课程内容设置上,高职、本科文化课和基础课的比重大于专业课的比重,特别是本科专业课又趋于理论化而缺乏实际操作性,学生的专业能力在高职或本科没有得到真正的提高,从而影响了其报考和学习的积极性。

**(六)专业和课程对接程度低**

目前我省高职院校生源以普通高中毕业生为主,本科更是如此,在专业设置上较少考虑中高职毕业生向上延伸和提升的需求,使得一些中高职毕业生为继续深造不得不转换专业。同时,教学计划和教学内容由中职学校、高职院校和本科院校分别设计，相对独立和割裂，在一定程度上存在教学计划、课程设置和教学内容重复以及技能实训课倒挂等问题。有些职业院校和三本院校将中高职教育衔接视为破解招生难的通道建设，只注重外延衔接而忽视内涵衔接，在实践中是各自为政，课程体系混乱，课程内容脱节。

## 三、推进河南省中高职教育一体化办学的对策

### （一）营造中高职教育一体化办学的政策环境

一是充分抓住教育部、河南省共建国家职业教育改革试验区的机遇，争取国家有关部门的支持，抓好中高职教育一体化办学的顶层设计，制定政策和配套措施，为中高职教育一体化办学消除体制机制、政策等方面的限制。二是树立“大职教”理念，对职业教育进行统一管理、统一规划、分层指导。在条件成熟的情况下，将中高职教育院校管理权集中，在专业设置、招生计划审核等方面统一管理；要成立中高职教育管理权威机构，整合教育、人社等政府部门管理职业教育的职能，调整职业院校隶属关系，改中职教育和高职教育条块分割、多部门分散管理为同一部门归口管理，统筹规划，综合协调，建立涵盖中高职教育的现代职业教育管理体制。

### （二）根据经济社会发展需要加强统筹规划

应对我省经济社会发展状况和中高职教育发展实际进行深入调研，合理规划中高职教育的规模、结构和布局。我们认为，我省三本和新升格的二本院校应调整为应用型本科，积极探索本科层次职业教育人才的培养途径，完善职业教育与专业学士、专业硕士、专业博士等专业学位教育的衔接。统筹考虑中高职教育一体化办学的专业设置、培养目标、教学计划、课程设置、质量控制、毕业生走向，以及中高职的招生考试、教学管理、学分互认、证书互通

等,充分发挥中高职教育在培养技能型人才方面的作用。

**(三)加快职业院校招生制度改革**

取消中高职毕业生升学比例限制,达到凡有升学意愿的都能报考,高职院校招生的生源应以三校生为主体,应达到年度招生计划的50%以上,应用型本科招收专升本学生应达到年度招生计划的40%以上。实行多种方式招生,如统考统招、对口单招、自主招生等。实施“知识+技能”的考试形式,逐步形成具有职业教育特点的考试模式。实行推荐保送制度,根据中高职毕业生在校期间的文化基础、专业知识、实践技能等方面的成绩以及获取的职业资格证书情况,由中高职学校推荐优秀毕业生免试保送到高职或应用型本科院校学习。要制定科学合理的招生考试免考或加分政策。对已获得本专业规定等级的国家职业资格证书的学生以及参加本专业省级及其以上技能大赛获得荣誉的学生,可凭借职业资格证书、获奖证书等享受免考或加分政策。

**(四)切实做好中高等职业教育的“三个衔接”**

1. 培养目标的衔接

鉴于中高等职业教育培养层次的不同,我们认为:(1)培养目标:中职应以培养技能型人才为目标,高职应以培养高端技能型人才为目标;(2)培养规格:中职应面向生产建设与服务第一线培养实用型、技能型、操作型的熟练劳动者,而高职应培养应用型、管理型和技能型的技术人才;(3)知识和能力:高职毕业生与中职毕业生相比,知识面应当更宽,理论知识应当更深,能力上应当更加强调创造性和独立性。

2. 专业设置的衔接

做好专业衔接,中高职教育都应根据河南经济社会发展和行业、企业发展的实际需要,对准市场、对准行业、对准岗位设置专业。组织有关人员修订中等和高等职业教育专业目录，统筹考虑和编制中高职教育一体化的专业人才培养方案和专业教学标准，形成适应河南经济结构布局和产业升级需要、优势互补、分工协作的职业教育格局。

3. 课程建设的衔接

中高职教育一体化的核心问题是课程和教学内容的衔接。构建中高职教育衔接的课程体系应彻底打破学科本位的课程内容体系。2013 年，建议瞄准职业岗位(群)或者技术领域的实际需要，构建以工作过程为导向的课程体系。以工作过程为导向，应以综合职业能力培养为目标，与职业资格标准相融合，专业课程内容应高低有序、衔接适当。

# 中高职一体化办学的实践探索

## ——以河南建筑职业技术学院为例

河南建筑职业技术学院　河南省建筑工程学校　吴承霞

《国家中长期教育改革和发展规划纲要(2010～2020)》明确指出:到2020年,职业教育要形成适应经济发展方式转变和产业结构调整要求、体现终身教育理念、中等和高等职业教育协调发展的现代职业教育体系。《教育部关于推进中等和高等职业教育协调发展的指导意见》(教职成〔2011〕9号)进一步明确提出:“十二五”时期,建设现代产业体系,迫切需要加快建设现代职业教育体系,推进中等职业教育和高等职业教育协调发展,构建灵活开放的职业终身教育体系。2013年,河南建筑职业技术学院与河南省建筑工程学校中高职联合办学已走过15年的历程,在实施中高职有效衔接,建立中高职一体化培养模式,促进中高职协调发展,构建建筑类专业中高职课程体系等方面取得了一些成绩。

## 一、目前实施中高职一体化的主要模式

1998年,河南省住房和城乡建设厅将隶属于其下的河南省建筑职工大学和河南省建筑工程学校合并,采取两校两个牌子、一个班子,合署办学的思路,当时,两校校区合并,设备统一,师资共享。建筑职工大学为成人类专科教育,而建筑工程学校为普通中等专业教

育，两所学校在河南省建设行业均有一定知名度。合并后的学校如虎添翼，其规模和办学质量同步快速发展，中专和成人教育互为补充。创办于1956年的建筑工程学校2000年获评为国家级重点中专，在此基础上，建筑职工大学2002年开始举办普通高等职业教育，2008年改制为河南建筑职业技术学院。2013年，河南省建筑工程学校是首批国家中职示范校（即将验收），河南建筑职业技术学院是省骨干高职立项建设单位。在15年合署办学的道路上，两所学校比翼齐飞，为中高职一体化办学奠定了坚实的基础。

学院高职共有35个建筑类专业及方向，中职有9个建筑类专业。中高职衔接有三种常态模式：

**（一）对口招生模式**

高职有建筑工程技术、建筑装饰工程技术、工程造价、建筑工程管理、图形图像五个专业通过全省统一招生考试招收中职对口学生。即部分中职毕业生（中专、技校、职高毕业生）在原来的中职学校完成三年中职学习，通过对口升学考试、全省统一录取进入我院相关对口专业再接受三年的高职教育模式。2013年，该模式在校生450人。

**（二）“3＋2”模式**

其对应的专业有建筑工程技术、建筑装饰工程技术、工程造价、建筑工程管理。学生在接受三年中职教育的基础上再接受两年高职教育的教育模式。学生前三年在河南省建筑工程学校、郑州水利学校学习，接受中职教育，管理模式亦为中职管理；第四年进入河南建筑职业技术学院各系部，单独编班，按高职教育管理。2013年，该模式在校生980人。

**（三）五年一贯制模式**

其对应的专业有建筑工程技术、建筑工程管理。由河南建筑职业技术学院直接招收初中毕业生,其教学计划以“3+2”的五年学制为整体架构,实行“2.5+2.5”学制,即前两年半学习中职阶段的课程,经过第五学期的升学考试后,第六学期开始高职阶段的课程学习。将顶岗实习调整为高职阶段的最后一年,实现分段贯通、有效衔接。2013年,该模式在校生245人。

## 二、中高职一体化办学的实践与探索

多年来,学院利用两校合署办学的优势,对中高职一体化进行了积极的探索,取得了一定的成效。

### (一)统一领导,办学思路一致

学院通盘考量中高职办学,瞄准中原经济区建设热点,创新机制,确立了“教学科研与生产实际相结合,学生培养与行业技能培训相结合,学校资源与企业资源相结合”的办学模式;探索出“三段三结合”的人才培养模式和“四融四定”的专业建设模式;形成了符合中原经济区建设战略、能够为河南新型城镇化建设提供较为完备的特色鲜明的专业结构体系和职业技术与综合素质双线并行的教育教学模式。

### (二)专业对接,培养目标明确

1. 中高职培养目标的一体化

建筑类高职的目标是培养拥护党的路线,德智体美全面发展,具有良好的职业素养,面向建筑行业,从事建筑工程生产一线的技术、管理等职业岗位的高端技能型人才。中职教育则旨在培养拥护党的路线,德智体美全面发展,具有良好的职业素养,面向建筑行业,从事建筑工程生产一线的技术、管理等职业岗位的技能型人才。他们的就业岗位是施工员、质量员、材料员和检测员。其区别就是建筑行业的高端技能型人才和技能型人才。其培养目标基本一致，从事的岗位区别不大。因此，学院实施了中高职教学实训基地共建、师资队伍共用、教学设备共享的策略。其培养目标都突出建筑一线的操作性、实践性的特色，突出以职业能力培养为本位的课程标准，突出毕业证和建筑企业上岗证的“双证书”毕业要求，突出与建设行业、企业的密切联系等。

根据中高职分段完成职业技能培训的要求，中职阶段主要进行测量、砌筑、抹灰、钢筋绑扎等工种实训，高职阶段进行施工组织、CAD、测量等综合性实训。学院根据培养目标以及建筑市场对建筑工程技术人才素质的要求，概括社会各层次建筑工程技术岗位对能力、技能、技术的要求，从而完善和确定中高职院校建筑工程技术专业人才的培养规格。

2. 中高职主干课程和教学内容的一体化

统筹建立中高职教育课程体系，实行模块化课程，以适应学生来源和类型多样化发展的趋势，避免课程名称和内容的重复设置。在中高职课程体系中拓宽和加深课程内容，真正实现课程内容衔接的连续性、逻辑性和整合性。以培养目标和培养规格为依据，构建适合中高职衔接的核心课程体系。根据构建的课程体系，从课程结构、课程设置、课程内容三个角度，与建筑领域的专业人士共同探讨对专业人才的岗位技能要求，在中高职教学阶段应具备的知识能力、学习能力和素质结构，实施“三段三结合”的人才培养模式和“四融四定”的专业建设模式，构建符合建筑行业特点的工学结合的课程体系，如平法识图、钢筋翻样与加工等课程。

3. 中高职专业设置的一体化

中高职一体化衔接在很大程度上取决于专业的衔接。学院从中原经济区和建设行业发展的实际需要出发，依托建筑行业、企业，河南省建设行业职业教育校企合作指导委员会，河南省建筑职教集团等，加强职业教育的专业建设，研究制定中高职专业对接、中高职一体化的专业标准，提高了高素质技能型人才的培养质量，实现了中高职在专业上的衔接，形成了紧密围绕建筑行业开办专业、支撑中原经济区新型城镇化建设的专业结构，建筑工程施工、建筑装饰、装饰石材技术、工程造价、建筑设备安装等专业优势明显。

4. 中高职实验实训的一体化

学院按照“校企合作资源共享，实训为主、兼顾科研，对接企业适度超前”的原则，稳步提升整体实验实训条件。2011 年以来，学校利用央财资金和学校配套资金建成了 40000 平方米的实验实习实训中心并投入使用，先后采购了价值 140.9 万元的实验实训设备，获得了河南四方防腐有限公司等企业捐赠的价值 537 万的实验实训设备，规划建设了一个质量检测实验室、一个主体施工教学一体化教室、一个实训成果展示陈列室；与郑州春光冷暖设备安装有限公司等企业合作建设的地源热泵工程实验室、实训工厂、河南正邦装饰策划设计有限公司也已开始运行。学院所有的实验实训室均按照课程对接、专业对接的原则，中高职各个班级通用。

**（三）资源共享，教学过程协调**

学院积极探索中高职以课程体系为核心的有效衔接，实现中高职纵向融合，专业建设同建筑产业发展紧密结合，以高职建筑工程技术、中职建筑工程施工为基础和核心的 35 个高职专业和 9 个中职专业及方向的设置，涵盖了河南省建筑产业发展各方面的人才需求，具有鲜明的行业特色。学校是河南省建筑职业教育集团理事长单位、河南省建筑业协会、河南省建设教育协会副会长单位、中国建设教育协会中职华中分会理事长单位，学校与行业、企业以及其他建设类职业院校彼此在技术、设备、人才培养等方面密切合作与交流，拥有历史积淀性、人脉性、感情性和时代发展的相互依赖性、多赢性，为实施中高职一体化探索提供了得天独厚的资源优势。

学院与省建筑业协会合作，实施建筑业岗位培训教学资源共建共享计划。包括省一建、五建、六建、中建二局二公司、新蒲建设集团、泰宏建设集团在内的多家省内特级、一级建筑施工企业均参与了此项工作，集团企业成员负责提供教学基本资源（案例、图纸、资料等），学校进行教学资源的筛选、整合、加工，最终形成符合企业一线管理岗位员工培训和学校相关专业教学的教学资源共享库。

## 三、对我省实施中高职一体化办学的思考

### （一）中高职衔接中存在的问题

目前中高职教育不协调主要表现为专业上的脱节、课程上的重复和学制上的断层。

一是专业上的脱节。中高职专业名称不统一，如：高职建筑类的从事施工类的专业名称是“建筑工程技术”，而中职对应的叫“建筑工程施工”。中高职专业数量也不对等，高职专业多，中职专业少。在目前的对口招生考试中，中职专业和高职专业无法完全和直接对接，导致一部分有升学愿望的中职学生找不到相近或对口专业而不能报考。

二是课程上的重复与不完善。在目前的中职和高职衔接的制度上，更多的还是考虑学历的衔接。中高职院校在各自的课程设置上均有相当大的自主权，且各自为政，出现理论教学和实践教学重复或空白现象在所难免。我省各地招收的对口生水平差异也较大，有些地市学校专门开设对口班，只学习对口升学考试课程，其他专业课程根本不学，更别提实训环节的教学任务了。而省属学校相对

比较规范,学生学习课程较多,实践性教学环节内容也较完善。

三是来源学生的特殊性与差异性。高职学院招收的高中毕业的学生在经过高中阶段的培养后,学生自学能力较强,纪律性较好,较易管理。而中职学生相对高中毕业的学生,理解问题和解决问题的能力欠佳,较调皮,纪律涣散。教师也不太愿意教"对口生"。这样一来,高职院校在"对口生"管理上需要投入更多的人力和物力。

**(二)对中高职一体化办学的建议**

建议统计出中职和高职各自招生专业的数量和名称,规范中高职课程的对接,教育部和省级政府应加大对中高职教育的统筹力度。

一是统筹中高职专业的对接。中高职衔接的专业以高职为主,修订中职专业目录和名称。

二是统筹中高职课程的对接。教育部可以成立若干中高职办学一体化专业委员会,由高职院校牵头召集参与学校,在培养目标、教学方案、课程计划、教学安排、实践环节等方面共同制定培养方案。制定统一的课程标准、实践教学体系、师资队伍基本要求、实验实训基地建设标准等,从而构建"以中职为基础、以高职为目标"的内部有效衔接机制。

三是制定相对稳定的学制。为形成中职、高职一体化教育体系,中职与高职应实行"3+2"分段培养学制,即学生在中等职业教育学校学习三年,通过单独考试的方式进入高等职业教育学校学习两年,获得高等职业教育学历。

四是改革高职招生制度。建议加强实践性教学的考核,同时要求中职学生在中职顶岗实习阶段到企业实践锻炼,写出实习报告,并将其纳入升学必备条件。

# 中高职课程衔接的思考与实践

河南经贸职业学院　王金台

《国家中长期教育改革和发展规划纲要(2010～2020年)》将"形成中等和高等职业教育协调发展的现代职业教育体系"提升到国家教育发展战略。为贯彻落实这一发展战略,《教育部关于推进中等和高等职业教育协调发展的指导意见》(教职成〔2011〕9号)全面系统地提出了中高职协调发展的意见,其中课程衔接为中高职教育衔接提供具体的内容和支撑,是中高职教育衔接的实质与核心问题,也是实现中高职教育协调发展的关键所在。

## 一、中高职课程衔接的问题及原因分析

事实上,中高职衔接的问题并非今天才有,而是自高职大规模发展以来便受到了关注,但目前我国中高职衔接追求的更多的是一种外延式衔接,即学制上的衔接,如举办五年制专科,实施中高职"3＋2"模式等,而以课程为核心的内涵式衔接相对比较薄弱,课程衔接中还有诸多问题未得到很好的解决,主要表现为:

### (一)专业课程设置重复

表现在科目重复和内容重复,我国绝大多数的中高职院校很多专业开设的课程都存在高度重复或雷同现象,有统计数据显示

"财经类、管理类等专业课程设置相同率高达80%以上";在知识点的具体内容上相互涵盖,重复率高,有研究对一些中高职院校名称相同的课程进行对比后发现,课程内容重复率达30%~60%。

**(二)文化基础课程脱节**

中职学校进行课程设计时更注重专业知识的传授和操作技能的训练,在设计文化基础课程时往往以必需、够用为原则,课程设计重技能、轻文化的现象突出,这就造成中职毕业生文化基础薄弱。而高职院校为了体现高等教育的属性,文化基础课程设置往往带有一定的学科性,课程内容更加适合普通高中学生,因此中职毕业生进入高职后文化基础课很难跟上,特别是英语与数学两门课程。

**(三)专业技能课程错位**

专业技能课程是职业教育区别于普通教育的关键课程,理论上讲,学生在高职阶段应该接受更多、更广的专业理论知识,在实践操作技能上也应当比中职有更高的提升。然而现阶段,我国中高职的专业技能现状却并非如此,由于高职生源结构复杂,所接收的两类生源的技能基础相差悬殊,普遍高中毕业生在高中阶段没有受过任何的专业技能训练,实践操作技能几乎为零,而中职毕业生已具备一定的专业技能,所以高职的专业技能课程对中职学生来讲,重复是不可避免的。

现实中,由于一些中职学校经过多年的积累,在师资、实训条件等方面有一定的基础,在技能训练中有较强的实力。而一些高职院校由于近些年的扩招,师资、设备等无法很好地满足实践性教学要求,专业技能课程从数量和质量上还不如一些中专学校,往往会出现高职与中职专业技能课程的错位现象。

分析中高职课程衔接中出现的重复、断档、脱节、错位等问题,其原因有以下两个方面：

一是管理体制衔接不够通畅。目前我省中等职业教育和高等职业教育分属不同的职能部门管理，存在政出多门的现象，而管理体制上的差异又难以避免地导致中职和高职在办学理念、课程设计、培养方案等教育环节中出现衔接上的难题。

二是课程设置缺乏统一标准。由于国家没有出台职业教育专业课程设置的标准与依据，不论是中职学校还是高职院校，都是根据对职业教育性质的理解和专业岗位的分析独自去规划课程与教学，而没有考虑中职与高职的层级与递进，这必然会导致在教学过程中出现种种衔接难题。

## 二、中高职课程衔接的解决思路

### （一）理顺管理体制，保障中高职课程衔接机制畅通

高职教育和中职教育同属职业教育的范畴，二者的联系更加紧密，属于同源教育。因此中职教育和高职教育归属同一部门管理才是更好的选择，虽然目前中高职的管理在教育部已经统一在一个部门管理，但是许多省级、地市级教育主管部门依然分属不同的职能部门，导致中职学校和高职院校实际上处在不同的体系里，相互缺乏联系和沟通，在衔接过程中不可避免地出现一系列重复和脱节的问题。

### （二）统一课程体系，保障中高职课程设置连贯有序

制定并出台统一的专业课程体系标准，是避免中高职教育重复或脱节，保障中高职课程设置连贯有序，推进职业教育关键领域和重点环节改革的必然选择，也是实现中高职教育有效衔接、协调发展的基础。

统一的专业课程体系标准的制定，要整合教育行政部门、研究

组织、职业院校、行业、企业等多方力量,成立中高职衔接课程开发组织机构,一是国家或省级教育主管部门层面,组织政、校、企专家从宏观高度和顶层视野,制定中高职贯通的分类课程体系标准,进一步明确课程框架、课程目标、改革要求等,为课程设置明确画线定界;二是中高职院校在教育主管部门的组织下,按行业或大类专业联合行业、企业专家,共同商讨制定中高职衔接的课程标准,制订教学计划。通过这样的方式,在课程避复、教材选用、内容衔接上进行统筹规划、一体化设计,形成连贯有序的有机整体,可以较好地避免课程设置的重复问题。

**(三)明确培养目标,保障中高职课程内容梯度递进**

解决中高职课程内容重复这一问题的关键,第一,要准确定位中职和高职的培养目标。从两个层次教育人才的规格入手,研究课程内容与人才培养目标的对应性,确定一般技能型人才和高端技能型人才的不同分野,再根据能力目标、知识目标、素质目标、岗位目标的要求,配置相应的课程内容,使课程内容的确定更加科学、合理。第二,要按层级和梯度原则细分课程内容。中职和高职作为两个相邻的学历层级,尽管它们是联系贯通的,但是所学的课程内容在难度、深度、广度和能力级差上是有明确的学段界域和逻辑梯度的。这就要求我们能够根据层级和梯度逻辑关系,认真分拣、细化、定位各自应该学习和掌握的知识内容和能力层级,依据逻辑、有序、层次的特性编写出各自应知、应会的教材。

## 三、中高职课程衔接的探索与实践

近年来,在国家尚没有统一的中高职课程衔接的具体政策下,河南经贸职业学院与合作办学的郑州市金融学校、新乡商业学校等中职学校在会计电算化专业方面积极探索,努力实现中高职课程的有效衔接，保证了中高职教育阶段的教学效果，较好地实现了不同层级的培养目标。

**（一）准确定位培养目标，共同制定人才培养方案**

中职与高职是职业教育系统中的两个不同层次的教育，两者培养的是不同级别的人才。目前在我国，中职教育重点培养的是中等应用型人才，而高职教育培养的是面向生产、建设、服务、管理第一线的高端技能型专门人才，两者的培养目标既有共性又有区别。中高职院校的人才培养方案要具有明确的方向，必须清楚各自的培养目标，因此，准确定位培养目标是中高职课程衔接的前提条件。从职业能力角度分析，中职教育主要培养经验层面的职业能力，高职教育主要培养策略层面的职业能力。作为与高职衔接的中职教育，必须在保证实现自身基本目标的前提下，努力实现向高职教育输送合格人才的高层次培养目标。高职教育则应在保持与中职教育连续的基础上，体现出自身的职业性和高层次性。

准确定位培养目标后，在人才培养方案的制定过程中，我院与合作学校共同组成专业指导委员会，本着"高职为主、中职为辅"的原则，开展会计电算化专业分段人才培养方案的制定工作。首先，合作双方分别组织教师深入企业进行调研，了解企业对本专业的岗位需求情况，同时开展对毕业生的跟踪调查；其次，根据调研情况对本专业职业岗位按照入职岗位、晋升岗位、发展岗位的素质和能力进行分析，对相关课程进行解构与重构，用以满足职业岗位不同阶段对专业知识的需求；最后，初步形成方案后，经过企业、学校等多方面专家组成的论证环节，广泛听取各方的建议。在此基础上，中高职合作双方共同协商，反复切磋、修改完善，制定出具有可操作性的中高职对接人才培养方案。人才培养方案制定的工作流程如图 1 所示：

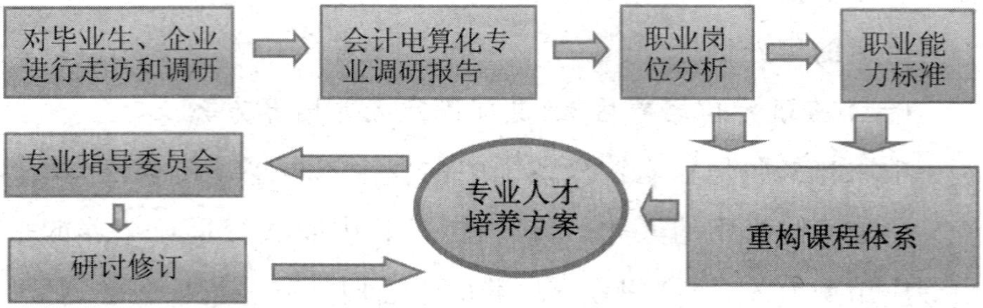


图 1 人才培养方案制定工作流程

### (二)统筹设计,分段实施,建立相互衔接的课程体系

在课程体系设计中,首先明确中职教育是高职教育的必要准备,高职教育是中职教育的提升和深化,力求做到循序渐进,避免重复,为学生接受终身教育奠定理论基础和进行知识储备。在人才培养方案的制定过程中,遵循统筹设计、分段实施的原则,建立了相互衔接的课程体系。完整的课程体系由通识课程模块、职业能力课程模块、职业素质课程模块、职业拓展课程模块组成。通识课程模块在中职阶段除了加强语、数、外、计算机等文化基础知识的教学外,为了更好地实现与高职阶段的高职英语、高等数学等课程的有效衔接,还专门开设了与之相关的知识强化课程,为中职学生进入高职阶段的学习奠定基础。职业能力模块是课程体系的中心内容,它是根据工作岗位的需求,进行职业能力分解,再按照能力要求进行课程重组,删去重复的课程内容,分段加以实施,最大限度地保证了在实施过程中的课程内容的有效衔接,取得了良好的效果。会计电算化专业中高职课程衔接情况如表 1 所示:

表 1　会计电算化专业中高职课程衔接情况

| 中 职 课 程 | 衔接及提升课程(部分课程) | 高 职 课 程 |
|---|---|---|
| 语文 | ➡　⬆ | 经济应用文写作 |
| 英语 | ➡　⬆ | 高职英语 |
| 财务会计 | ➡　⬆ | 中级会计实务 |
| 会计电算化 | ➡　⬆ | 会计电算化(二) |
| 出纳、收银实务 | ➡　⬆ | 会计综合实训 |
|  | ➡　⬆ | 税务实训 |
|  | ⬆ | 审计实训 |
| 备注:“➡”表示衔接课程,“⬆”表示提升课程。 | | |

**(三) 专业技能各有侧重,有效衔接职业资格证书**

按照动作技能形成规律,动作技能的形成需要一个长期的学习与实践过程。专业技能作为动作技能的一种,其发展可分为基本技能形成与高级技能形成两个阶段,不同阶段的技能水平必须由不同层次的教育来承担,即基本技能的培养由中职教育来担任,高级技能的培养由高职教育来负责。否则,就会带来专业技术技能与教育层次的错位。因此,在我们制定的教学方案中,中职教育应获得会计从业职业资格证书、收银员证书、计算机操作员证书,高职教育则对应获得初级会计师证书、英语应用能力等级证书、计算机文管二级证书。合作双方根据本专业所对应的职业岗位群的需求,共同商讨制订出对应的技能训练和职业资格证书培训计划,分段加以实施。如中职阶段开设的技能训练主要有基础会计实训、出纳实训、收银员实训等技能训练课程,最终考取收银员证、会计从业资格证;作为第二职业资格证书,推销员、秘书资格证可自愿考取。在高职阶段通过开设中级财务会计实训、税务实训和审计实训等技能训练课程,最终考取会计师初级职业资格证书,具备中级会计师考试知识的储备(在校生不能报考中级会计师考试);可通过参加相应培训、学习选修课程自愿考取中级秘书资格、理财规划师资格、证券从业资格等第二职业资格证书。

**(四)建立对话沟通机制,保持交流渠道畅通**

人才培养方案制定后,在具体的实施过程中还会遇到各种问题,因此,方案的实施要根据实际情况实行动态管理,进行不断的调整和完善,这就需要合作双方建立对话沟通机制,始终保持不断交流,发现问题及时沟通,共同商讨,协调解决,这样才能提高人才培养的质量和办学效率,促进中高职课程的有效衔接和协调发展。

几年的实践证明,我们的中高职课程衔接方案是切实可行和行之有效的。由于实行了中高职课程的有效衔接,避免了大量教学内容的重复现象,为实现高职教育培养高端技能型人才的培养目标提供了更为充分的教学时间。与此同时,在中职阶段开设的知识强化课程,使得中高职知识的衔接更具有针对性,极大地缓解了学生由于相关知识断层所面临的学习困难,使教学质量和教学效果得到了保证。

“专业是学校的名片,课程是专业的核心”,中高职衔接的核心是课程的衔接。中高职课程的衔接是一项长期的、复杂的系统工程,它需要中高职学校、行业、企业、行政主管部门的共同参与,任重而道远。但只要我们抓住职业教育的核心,潜心研究职业教育的发展规律,一定能够打通中高职互通的“立交桥”,建立中等和高等职业教育协调发展的现代职业教育体系。

# 中职与高职课程设置衔接问题的探讨

河南省轻工业学校 樊安新 李春光

## 一、问题的提出

在中等职业教育发展到一定阶段、生产中高科技含量增加到一定程度以及就业问题日益严峻的情况下，职业教育层次高移是教育结构调整的必然结果。由职业教育发展的情况看，中职学校毕业生进入高职院校继续学习，为高职院校提供了大量的生源，也给中职学校提出了新的培养要求。中职教育与高职教育“立交桥”的构建对中职教育的拉动和对高职教育发展的促进作用十分明显。

目前，中职教育与高职教育有多种沟通，以“3＋2”分段高职和中职学生对口升学为主要形式。传统的中职学校毕业生基本上都是直接就业，课程设置以职业需求为准；而高职高专学校主要接收普通高中生源，课程设置比较系统。当中职学生进入高职院校学习时，两个教育层次课程设置上的重复或遗缺问题就凸显出来，既造成了教育资源的浪费，也给高职学校组织教学带来了很多困难。本研究从中高职课程的衔接问题着眼，通过调查分析，以期找出合理设置中职和高职课程的思路。

## 二、问题的调查

不同学校、不同专业的课程设置有着很大差异,仅从制订教学计划的角度就某学校某专业进行课程设置的讨论,显然缺乏全局意义。教育应以人为本,为了解受教育者对职业学校课程设置是什么样的感受、有什么样的需求,我们针对中高职课程设置问题,以召开座谈会、问卷调查和个别交谈等形式,对几所高职院校的在校学生进行了随机调查。主要问题涉及学生来源、目前高职所学课程的难易程度、现在的课程与以前学过的课程及内容的重复情况、对中职和高职课程设置区别的要求、高职毕业后的就业定位期望、高职毕业后继续接受学校教育的意向、对中职和高职课程设置的其他意见等。

由于接受问卷调查的学生来自不同专业和不同年级,开设课程情况存在着差异,对问题的答复不可能获得高度一致,但总体方向性结论还是明显的。由调查可知,高职学生的来源不同,对现行高职设置课程的感知有较明显的差异。

接受调查的学生,有普通高中升学而来的,也有普通中专、职业中专、职业高中、技校等对口升学而来的,通过对口升学进入高职学习的学生约占50%。

关于课程难度问题,原毕业于中等职业学校(含普通中专、职业中专、技工学校)的学生,感觉基础理论课程如数学、化学、电工电子学等的学习比较困难;而来自普通高中和职业高中的学生,感觉技术性课程如计算机类、设备类等学习起来更困难一些。来自职业高中的学生普遍反映,高中阶段没有开设物理、化学课,所以对机械、电工电子、化学类课程学起来比较吃力。

关于重复设置课程问题,高中毕业学生一般认为目前高职课程与高中课程没有重复设置，但有少数同学反映与毛泽东思想、邓小平理论和“三个代表”重要思想相关的课程有内容重复现象；职业学校毕业的学生则认为有不少专业课程是重复设置，而且内容有较多的重复。有些专业的学生反映大多数专业课在中职学校时已经学过，有些课程学得还比较深入，甚至超过了目前高职所学。

接受调查的学生认为，中职课程应注重技能的培养，多设置职业训练课程，表现为“多”和“浅”，即大致知道多，不必精。而高职课程应适当体现“深”和“广”，不能仅限于知道一点皮毛，要有一定的系统性，注重理论与技能的结合；同时，注意学习专业之外的知识和新的知识，以开阔视野、培养多方面的能力。

调查结果表明，学生在普通高中之后接受高等职业教育，其具备的文化基础知识已经基本能够满足需求，需要解决的只是如何学习职业知识和技能的问题。中职学校和高职学校课程的设置，则明显存在着相互不衔接或重叠设置、内容重复的情况，比较明显的问题是基础性课程的缺设和职业技能课程及内容的重复。

## 三、中高职课程的衔接

课程设置涉及面很广，不同高职体制所面临的衔接问题也不尽相同。五年一贯制高职是比较好的学制，它将中职和高职统一在一个教学计划中，对学生的知识传授、技能训练和素质提高有一个整体的安排，实际上已不存在衔接的问题。“3＋2”分段高职虽然学习时间与五年一贯制相同，但高职阶段计划由高职院校控制，中职学校还没有自主办高职的资格，衔接问题依然较多。高职院校招收对口升学学生，因专业不能完全对应，在组织教学时面临的课程问题则更具典型意义。

**(一)中职课程设置**

中职教育培养的是在生产、服务、技术和管理第一线工作的高素质劳动者,课程设置围绕着技能型人才培养目标展开。目前,中职学校在设置课程时多以基础文化知识和职业知识必需、够用为原则,职业技能训练课程占比较重要的地位。由调查可知,中职学校毕业生对掌握专业知识和技能的情况还是满意的。中职学校在课程设置上面临的矛盾是如何兼顾学生就业和升学的不同需求。对于升入高职继续学习的中职学生而言,他们欠缺的是基础知识,中职学校在设置课程时,应给予足够的重视。

对公共基础课程,如语文、数学、外语、政治、计算机基础等,对口升学考试有明确要求,比较容易安排课时。这些课程除在第一学年开设外,还可以在第三学年对有对口升学愿望的学生以辅导班的形式强化。对升学考试没有要求但又比较重要的基础课程,如物理、化学、生物、历史、地理等,即便是职业知识和技能训练时不必需,也应适当开设,以利于学生以后的继续学习。开设自然科学综合课和社会科学综合课,将这些基础课程内容包容进去,是一个很好的尝试。若实施学分制,这些课程以选修课形式开设比较合适。职业知识和技能方面,应依据中职学生的就业定位,以技能训练为主设置课程,而将稍深一些的专业理论知识的学习任务留给高职去承担。

**(二)高职课程设置**

高职教育培养的是有一定理论基础、较强实际工作能力和较高综合素质,能胜任一个或若干工作岗位,面向生产第一线的技术应用型专门人才。与中职教育相比,其培养目标更侧重于技术性。调查表明,高职学生对自己毕业后的定位也是比较明确的——中高级技术岗位或管理岗位。在课程设置上,专业基础课和专业课要有适当的深度，有一定系统性，注重理论与技能的结合，以利于培养学生从事较复杂技术和管理工作的能力。同时注意开拓学生的知识面，适当开设交叉和边缘专业的课程和综合课程，如新技术、新材料、新工艺及设备方面的综合课，各行业的概论课等，以提高学生对不同工作岗位的适应能力。基础课程设置应充分照顾大多数学生继续进入更高层次院校学习的愿望，安排足够的课时和教学深度。应重视学生考取职业技能证和各种等级证书的要求，提供课程设置上的方便，以满足他们就业的需求。

**（三）中高职课程的衔接**

中高职学校相同专业的有些课程有较强的共性，比如机械制图、色彩构成、服装材料等，甚至课时安排和教学内容都很接近。高职院校应充分了解中职学校相应专业的课程设置及教学内容情况，通过考核免修、学分互认、选修课补充等措施，防止出现较大的课程重复设置或衔接空隙，避免浪费学生的学习精力和有限的教育资源。对于“3＋2”分段高职，更应做到两个阶段课程设置通盘考虑，保持课程的连贯性，不出现大的衔接不当。教学内容也应统一协调，以免有较多的重复或遗漏。

# 符合现代职业教育教学质量评价体系的构建

河南省电子科技学校 王春阳

《国家中长期教育改革和发展规划纲要》提出:“到2020年,形成适应经济发展方式转变和产业结构调整要求、体现终身教育理念、中等和高等职业教育协调发展的现代职业教育体系。”这是当前职业教育发展的必然趋势、必然要求。构建现代职业教育体系,需要研究和探索的问题很多,其中,如何建立新的符合现代职业教育的教学质量评价体系,就是需要认真研究的重要内容之一。对此,笔者提出三点粗浅的认识。

## 一、符合现代职业教育教学质量评价体系构建的必要性

### (一)解决当前存在的问题,不变不行

职业教育发展至今,尽管我们已经逐渐探索出了一些符合职业教育发展规律的教学质量评价方法,并在一定时期内对推动教育教学质量提高发挥了重要作用,但是,面对新的发展形势,我们也清楚地认识到,现行的教学质量评价体系还存在不少问题。比如:在评价的标准上还存在着重理论、轻实践,重智育、轻德育的现象;在评价的主体上还存在着学校自己教、自己评的现象,形式过于单一,缺乏企业和社会等多方面的共同参与,造成学校一方的评

价结果不被社会、企业认同，缺乏一定的权威性；在被评价的个体（学校）方面，只关注学生、考核学生，却忽视了诸如对教师特别是“双师型”教师的考量、对教学硬件的检查和对学校给予本地区经济社会的贡献及影响等方面的评价。这些问题已经影响到学校教学质量的提高，使教学质量评价的结果大打折扣。所以，必须建立新的教学质量评价体系。

**（二）顺应时代的要求，不改不行**

近年来，党和国家把大力发展职业教育作为重要的国家战略，党的十八大也提出了“加快发展现代职业教育”的任务和要求，我国经济社会的发展和企业产业的结构调整、转型升级，更需要一大批适应企业岗位要求的新一代技能型人才。时代的发展要求职业教育要与时俱进，加大教育教学改革力度，完全摒弃旧的、不适应历史发展的管理模式和运作体系，建立符合现代职业教育要求的、新的、更加完善的、科学的教学质量评价体系。只有这样，才能按照现代职业教育提出的现代化、社会化、终身化等教育理念，培养出符合时代精神和企业要求的合格的有用人才。

**（三）建立一个好的体系，不创新不行**

事物的发展进步源于不断的创新。我国职业教育发展至今积累了很多先进的管理经验，这是我们的宝贵财富，需要我们继承、发展和提高。职业教育也走过了许多曲折的探索道路，有不少教训和失败，这也是我们的宝贵财富，时刻提醒我们需要避免和改革，不能重蹈覆辙。近些年，我们不断学习国外一些发达国家如德国、日本、瑞士、澳大利亚、美国等开展职业教育的做法和经验，这些对我们有很好的启发和教育意义，非常值得学习和借鉴。但是，国情不同，发展阶段不同，面临的形势和任务不同，决定了我们不创新不行。要建立一个符合我国国情的新的评价体系，简单的否定或者简单的照抄照搬都是不可取的,也是根本行不通的。只有在借鉴、继承、否定、提高的基础上,大胆运用创新改革的理念,才能真正建好一个新的教学质量评价体系。

## 二、符合现代职业教育教学质量评价体系构建的原则

### (一) 评价视角的广覆盖、前瞻性原则

从现在起到2020年,我国将形成和建立现代职业教育体系。也就是说,到那时,新的教学质量评价体系应该与之完全适应和匹配。这就要求新体系的建立既能解决当前问题,又能适应未来发展;既有一定的包容性,又有一定的扩充性;既有一定的规范性,又有一定的可操作性和灵活性。

### (二) 评价体系的继承、提高和创新原则

新体系的建立,不是对现有体系的全盘否定,更不是脱离现有体系重新而为之,而是在现有体系的基础上,结合职业教育当前和未来发展的要求,做好进一步的继承、提高和创新。要在充分总结和研讨的基础上,找准新体系建设的“切入点”,把握改革的“关键点”,做出创新的“闪光点”。

### (三) 评价主体的多元化原则

在长期形成的教学质量评价体系中,学校是教学质量评价的唯一主体,其评价结果的客观性、现实性、全面性和准确性都不能满足现实社会发展的要求。新体系的建立,应该把握多元化、多角度的共同参与评价原则,应将政府、社会、企业等多方要素纳入到教学质量评价体系中,紧密结合现代职业教育的发展规律和社会经济的发展需求,形成多方参与共同评价的教学质量评价格局,使评价结果更加真实,更能让社会及企业接受和认可。

### （四）评价个体的多侧面原则

职业院校作为教学质量评价的个体，是由除学生之外的各方面要素组成的一个共同体，比如教师（“双师型”教师）、教学硬件设施、专业实习实训条件、教育环境、教学管理以及社会服务等。学校各个要素之间既相互独立，又相互影响、相互促进，学校整体共同作用的发挥和表现对教学质量的高低起着至关重要的作用。所以，新体系的建立，不但不能忽视对评价个体（学校）的综合考评，还应该注重对评价个体（学校）诸要素多侧面的科学评价原则。

## 三、符合现代职业教育教学质量评价体系构建的若干思考

### （一）建立和完善“1+N”式的多元化综合评价机制

建立评价主体“1+N”式的多元化综合评价机制。其中，“1”代表职业院校，“N”代表除学校以外的有关各方，如政府、行业协会、企业、社会团体等。“1+N”共同组成对职业院校教学质量评价的主体。“1+N”式的参与评价模式是必需的，具有一定的强制性，而“N”的选择是灵活的，其选择权可以是教育主管部门，也可以是学校自身。如此，对职业教育教学质量高低的评价，不再是以往学校单方面关起门来“一言堂”式的行为，而应是社会各方共同参与其中、共同做出的综合评价。实施“1+N”式的评价模式，学校自身的评价是基础，社会各方的参与是关键，评价结果得到社会认可是目的。

### （二）建立和加强“1+X”式的办学主体评价机制

职业院校是教学质量评价的办学主体，由诸多办学要素构成。要评价其教学质量的高低，就必须对办学主体诸要素进行全面的考量。建立“1+X”式的办学主体评价机制，是教学质量评价体系不可或缺的重要组成部分。“1+X”中，“1”代表学校的学生，“X”

代表构成学校办学的诸多要素，比如教师(包括“双师型”教师)、教学硬件设施、专业实习实训条件、校企合作状况、教育环境、管理理念和对本地区经济社会的贡献及影响等。学生是学校的主体，学校办学的众多构成要素又对培养学生的质量起着至关重要的作用，只有对办学主体“1＋X”的全面评价考核，才能真实反映职业院校的办学水平。对“1＋X”的全面评议，教育主管部门是主导，企业参与是重要补充。“1＋X”与“1＋N”评价模式的完美结合，为新的教学质量评价体系的核心内容注入了活力。

**(三) 探索和实施“创新教学模式”下的评价机制**

近年来，根据社会发展的需求，职业院校大量新专业层出不穷，比如文化创意专业、新能源开发专业、涉农专业、民间艺术专业、城轨服务专业等，加之职业院校国际间开展的联合办学逐渐增多，特殊专业、特殊教育不断涌现。新思想、新理念、新探索、新要求的互相作用和冲击催生出了大量创新型的教学模式。这些模式大多不同于以往的教学形式，其共同的特点就是具有一定的创新性和鲜明的独特性。因此，再采用以往的教学质量评价方法是行不通的，必须探索和实施“创新教学模式”下的评价方法。这种评价方法，不仅可以根据专业的不同而不同、依据合作的形式而有所差异，更可以“特事特评”、不拘一格。这种评价模式，是建立在“创新教学模式”下的一种评价方法，应以学校评价为主导、专业评价为特色、社会参与为补充、学生成长为关键。“创新教学模式”下的评价机制，是建立新的教学质量评价体系的重要补充。

综上所述，大力发展现代职业教育刻不容缓，任务艰巨。而建立现代职业教育体系，就必须建立与之相匹配的新的教学质量评价体系，达到全面真实评价教学质量，有力促进教学质量提高的目的。笔者提出的“1＋N”是评价的主体，“1＋X”是办学的主体，“1＋N”与“1＋X”二者评价模式的完美结合，加上“创新教学模式”下的评价机制，构成了新的教学质量评价体系的核心内容。

# 四年制应用型高职本科的定位与发展趋势探析

信阳职业技术学院　梁其贵

为全面落实《国家中长期教育改革和发展规划纲要(2010～2020年)》提出的到2020年建成现代职业教育体系的目标和切实增强职业教育吸引力的要求,河南省人民政府出台了《河南省人民政府关于创新体制机制进一步加快职业教育发展的若干意见》(豫政〔2012〕49号),提出了“三改一抓一构建”的职业教育发展改革总体思路。2012年,全省职业教育工作电视电话会议又做了具体安排,提出了“着力构建具有河南特色的现代职业教育体系”的总体设想。下面结合个人的思考与认识,结合信阳职业技术学院的实际,笔者就四年制应用型高职本科的定位与发展趋势谈几点认识。

## 一、高职本科的内涵

### (一)国际教育标准分类

《国际教育标准分类法》最早制定于1976年,是一个有助于按照国际商定的共同定义和概念对各类与政策相关的教育统计提出标准报告的框架。1997年完成第一次修订,形成了《1997国际教育标准分类法》。在这个分类中,第五级教育相当于大专、本科、硕士教育，在教育类型方面，分 A 类和 B 类。A 类在很大程度上是理论型的、适合研究型的教育，B 类是实用的、技术的、适应具体职业的教育。A 类又细分为 A1 类和 A2 类，其中 A1 类是按学科分类的，是理论型的、为研究做准备的（数学、哲学等）；A2 类是按行业分类的，是适合从事高技术所要求的职业（建筑学、牙科学等）。

2011 年，联合国教科文组织第 36 届大会教育委员会通过了《2011 国际教育标准分类》修订文本，形成了第三版国际教育标准分类方法。新版教育标准分类方法较之前发生了很大变化，特别是对早期儿童教育和高等教育部分进行了重要调整。高等教育标准分类的变化，如等级结构的细化、实践课程的提出、普通课程与职业课程的区分、教育等级衔接桥梁的搭建等，给我国高职本科教育的定位和发展带来了许多启示。

我国在对国际教育标准分类的讨论中，普遍认为“5A 相当于我国的普通高等教育。其中，5A1 相当于我国高等教育的学术型学士或学术型硕士，5A2 相当于我国高等教育中的专业学士或专业硕士。5B 相当于我国的高等职业教育，但并不限于专科的层次。主要实施 5A1 教育的是研究型本科大学，主要实施 5A2 教育的是应用型本科院校，主要实施 5B 教育的应该是高等职业技术院校”。

**（二）高职本科的特点**

高职本科作为一种新型人才培养类型，有以下特点：

1. 行业性

在专业设置上，高职本科面向的是行业，不像高职专科那样面向的是具体的职业岗位（群），应该根据行业发展的最新要求构建知识体系。所以说，高职本科的专业口径要比专科宽，专业基础理论更比专科深。

2. 应用性

从人才培养的能力结构来说,高职本科毕业生应该具有分析问题、解决问题的综合能力以及实施解决方案的实践能力。这种应用性还应有一定的创新,要通过不断的学习、实践,创造性地分析和解决问题。

3. 社会性

高职本科的培养目标是为社会培养各行各业的高级应用型专门人才。所以从人才培养的素质结构来说,高职本科毕业生应该具有更强的社会能力。

综上分析,我们认为,高职本科是全日制本科学历教育的一种,学位为专业学士。它是面向现代社会高新技术产业,在生产、管理、服务一线,培养能够解决技术问题、进行技术创新的高等应用型人才的一种培养模式。它与普通本科共同构成我国高等教育体系的全日制本科层次。

## 二、高职本科在国内外高职教育中的发展状况

### (一) 发达国家举办高职本科教育的经验

发达国家的职业教育体系相对完善,职业教育层次不断高移。1967 年,在美国高等教育体系中以应用学科知名的美国普渡大学成为举办高职本科教育的先行者。20 世纪 70 年代初期,已有近 300 所大学陆续在本部增设技术学院或高职类专业,或设立本科层次的职业技术学院分校,高职的学制分为二年制和四年制,四年制本科可取得学士学位。

1968 年,联邦德国组建三年制的高等专科学校(简称 FH)。到 20 世纪 70 年代中期,德国已陆续将其三年制的专科层次高职教育改为四年制的应用科技大学(仍简称 FH),专科层次的高职

教育“真空”随即由职业学院(简称BA)填补。40多年来,BA与FH各安其位,比翼齐飞,协调发展,两者相并行的办学体制推动了整个德国高职层次多样化的发展及整体实力的提升。

美国与德国高职本科教育发展的成功经验告诉我们,建立独立的职业教育体系,大力发展本科层次的高等职业教育,着力构建具有河南特色的现代职业教育体系,完善高等职业教育体系,促进经济社会发展尤其是高等职业教育的繁荣迫在眉睫。

**(二) 我国高职本科教育的探索**

深圳职业技术学院作为中国高职教育的旗舰和首批国家示范性高职院校,2001年在全国率先实行四年制高职本科教育。教育部先后在不同层次的应用型本科院校和高职院校进行了多形式、多模式、全方位的“嫁接创新”和“探索试点”。大致可以归结为:

第一,技术型、应用型本科院校转型为高职本科,试点开展专业学位硕士研究生教育,积极探索建立“高职本、硕连读”,以及技术学士、技术硕士、技术博士教育的“三士一贯制”。

第二,依托普通本科院校资源,开展招生对象为三年制高职专科毕业生、实施二年制的高职本科教育,即“3+2”模式。

第三,遴选部分高职院校优势专业或品牌特色专业作为高职本科专业试点,条件成熟之后,对少部分优秀的高职院校开展升格为四年制高职本科;或者通过高职专科与高职本科的专升本衔接,实现高职本科的直通车教育。

2011年,河北、云南、辽宁启动了四年制应用型高职本科教育试点;2012年,江苏、天津、贵州等省市启动了现代职业教育体系建设试点工作。

2012年5月,《河南省人民政府关于创新体制机制进一步加快职业教育发展的若干意见》(豫政〔2012〕49号)指出要积极构建"外部开放、横向融通、纵向贯通的现代职业教育体系",所谓纵向贯通就是实现中职、高职、本科和研究生等各层次职业教育的内部贯通,提高学生可持续发展的能力。郭庚茂同志在2012年全省职业教育工作电视电话会议上的讲话中强调指出,要着力构建具有河南特色的现代职业教育体系。目前,省教育厅正在着手论证我省开展四年制应用型高职本科的试点工作,准备开始启动。

**(三)高职本科在现代职业教育体系中的位置**

目前,在教育部构建现代职业教育体系的框架中,我们认为,比较科学的、与普通高等教育平行且相互沟通的现代职业教育体系框架如下:

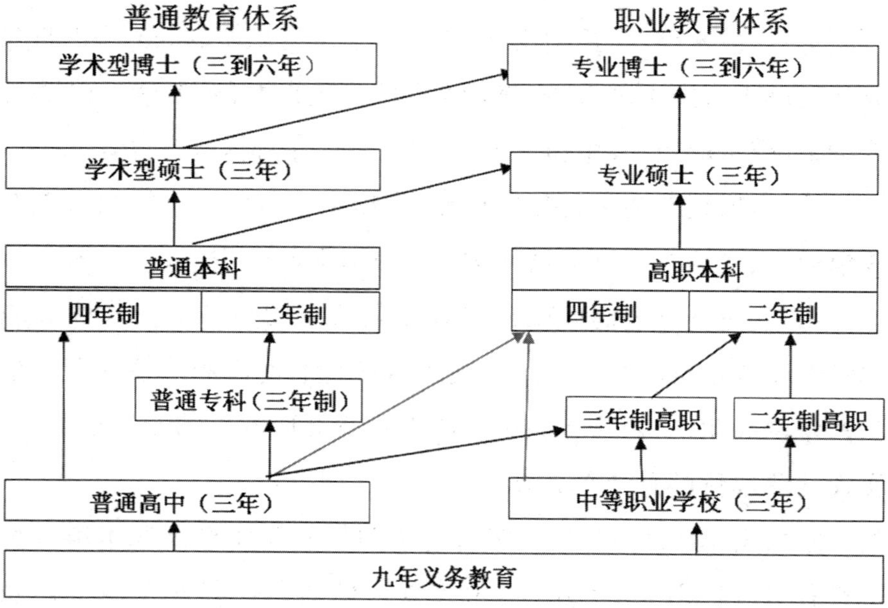


**图1　现代职业教育体系框架**

这种新的体系打破了常规的职业教育与学历教育互不沟通的

局面，亮点在于大力发展能与专业硕士相互衔接的高职本科，使得广大高职专科学生在接受完了高职本科教育后能够进入到专业硕士的层级继续深造，成为高层次的技术应用型人才。

## 三、设置高职本科专业值得关注的几个问题

### (一) 专业是高职院校的品牌和灵魂，专业设置应与产业对接

专业建设是高职院校内涵建设的核心内容，也是高职院校建设和发展的立足点。学校设置一个专业，应该明确开设的理由(社会需求)、人才培养的规格(办学定位)、育人的软硬件条件(培养能力)以及专业发展的未来远景(规划目标)。每一个专业从其开设之日起，都应该有成长历程，专业是活的，不要有意无意地把专业变成死的。因为高职本科专业的社会与经济属性决定了专业建设必须要跟随、服务产业发展，个别专业甚至要引领其所对接产业的发展，产业在变化、在提升，专业也应紧跟变化。

信阳职业技术学院紧紧围绕服务信阳争当中原经济区建设前锋的需要，专业建设紧紧围绕信阳产业集聚区对高技能型人才的需求，不断进行专业优化和调整。例如：化工工业从产业发展来说，是高污染、高能耗的夕阳产业，在信阳新一轮的产业发展中已经不适应信阳产业发展规划，学院果断压缩化工专业投入，而积极推进化工专业转型为生化制药技术和食品营养与检测等专业。随着信阳电子信息产业和家具产业及物流产业的兴起，在下一步的专业调整中，学院将集中资源开设电子信息类、物流类和家具生产类专业，为地方主导新兴产业发展提供技能型人才支撑，在此基础上聚集一批高水平教师，为地方主导产业发展提供技术服务的智力支撑。

**(二) 专业带头人是专业发展的舵手,专业带头人应具有行业气质**

专业带头人是高职院校教师队伍中的教学骨干和学术权威,重点指导和从事专业建设、专业教学研究、实践教学研究等。他与普通高校中侧重于学科理论研究的学科带头人有很大不同。

专业带头人应该具有行业气质。从某种意义上说,专业带头人的行业地位决定了高职院校的这个专业在高职教育界的地位,因为他担负着对行业的责任,充满着热忱,能使这一专业与行业、企业达到深度的融合。实际上,一个专业带头人就能办活一个专业,培养一个持续发展的团队。例如:我院医学检验技术专业在陆署梅老师的带领下,在省内外各大医院均具有很高的知名度,毕业学生深受各大医院欢迎。省内的安图生物科技公司主动为该专业实验实训提供相关试剂,并出资建立"安图奖学金"。同时,一个优秀的专业带头人能够吸引一批教师参与专业建设,我院医学检验技术专业逐渐形成了一个结构合理的教师团队,并被评为"省级教学团队"。

**(三) 课程是专业的细胞,课程内容应与职业标准对接**

2013 年,范唯同志连续发表了三篇文章,我们的《高职教育信息》全文做了转载。她提到一个观点:学校的产品是课程!学生应该是学校的用户,是学校的服务对象,是需求提出方。这一观点对我们触动很大。我们认为,课程建设应该面向行业、企业,为学生职业能力的发展服务。

课程是专业的细胞,课程体系决定了专业的基本架构。高职本科应该围绕行业对人才职业能力和职业素质的分级标准来设计课程,可以把课程组成不同的模块,注重课程内容与职业标准的对接。例如会计专业,从事会计最基本的证书是会计从业资格证,然后是初级会计师职称，有五年工作经验后，再参加中级会计师资格考试，最高可以参加高级会计师资格考试。但如果要从事审计的话，要考注册会计师，当然更高的可以考国际注册会计师。那么，我们设置会计专业的课程以及课程内容就要与会计职业分级标准对接。

**（四）实训基地是专业能力提升的保障，教学过程应与生产过程对接**

学生专业能力锻炼与提升的关键是实训基地的建设。实训基地的建设主要有三个途径：一是中央财政、省财政支持的实训基地建设项目。如我院的计算机应用技术实训基地、建筑技术实训基地属于中央财政支持的职业教育实训基地，电脑艺术设计专业和护理专业属于中央财政支持高等职业学校提升专业服务产业发展能力的两个重点专业。属于省财政支持的河南省高职示范性实训基地有计算机应用技术实训基地、护理实训基地、职教集团酒店旅游服务行业人才培养实训基地、文化传媒类专业人才培养实训基地、学前教育专业人才培养实训基地。二是校企合作共建实训基地。2012 年是我院的校企合作之年，我院与信阳华晨汽车贸易有限公司、信阳兰亭彩印公司、郑州安图绿科生物工程有限公司、星天空数码连锁有限公司等合作共建实训基地，以资产参股的形式与民营资本嫁接，创办职院驾校和飞雨言美容美发学校两个企业实体，这两个途径目前是我院实训基地建设的主要途径。但从高职本科专业的发展来看，要想持续发展，必须联合行业、企业合资办实业，或者独立拥有自己的实体产业，这也是第三个途径。我院在经历了前两个途径的实训基地建设之后，获得了技术、资金和经验的积累，为学院创办自己的实体产业积累了资本。学院实体产业的建立与发展既为学生实训提供了基地，也为学院实现教学过程与生产过程对接发展提供了保障。

综观我国职业教育的实际情况,构建现代职业教育体系,总的说来,就是构建知识和技能的渐进体系,搭建起知识和技能这两者之间衔接与渐进的框架;打通中职到高职到高职本科再到专业学位研究生的发展通道,实现无缝对接;改革招考方式,全面实现高职院校自主招生,培植高职教育的生源,实现中职、高职、本科和研究生等各层次职业教育的贯通,满足经济社会发展对各层次技能型人才的需求。

# 中原经济区建设中农业高等职业院校的办学定位、特色及发展战略

## ——以河南农业职业学院为例

河南农业职业学院　杨海蛟

《国家中长期教育改革和发展规划纲要(2010～2020年)》中指出,要"引导高校合理定位,克服同质化倾向,形成各自的办学理念和风格,在不同层次、不同领域办出特色"。

2011年,《教育部关于推进高等职业教育改革创新引领职业教育科学发展的若干意见》指出:"进一步促进高等职业学校办出特色,全面提高高等职业教育质量……。高等职业教育必须准确把握定位和发展方向,自觉承担起服务经济发展方式转变和现代产业体系建设的时代责任,主动适应区域经济社会发展需要。"

河南农业职业学院丹心励耕60载,以服务新型农业现代化建设为主,以服务新型工业化和新型城镇化建设为辅,确立办学定位,谋划发展战略,改革学院的办学体制机制,调整专业设置与结构,创新人才培养模式,加强师资队伍建设,提升科技创新和社会服务能力,开创学院的办学特色。

## 一、办学定位

学院以中原经济区建设为主体服务面向,确立就业区位、人才培养规格、社会服务能力的办学定位,实施了农业高等职业院校教

育教学改革六项措施,并通过不断的服务与实践,进行办学定位的动态调整。

**(一) 影响定位的因素**

办学定位紧扣时代发展的脉搏,依据政府规划主导,把握区域经济建设与农业高等职业教育发展的契合点,依托学校办学资源现状,满足求学者素质提升、能力增强的需求,科学确立学校主体服务面向和办学定位。

**(二) 定位依据——中原经济区建设"三需要"**

农业高等职业教育应以服务中原经济区建设为主体服务面向,做出符合新时期经济社会发展需要的、明晰的、务实的定位,农业高等职业院校应满足培养农民职业化全面发展的需要,满足农业产业科技发展的需要,满足区域经济社会发展的需要。

**(三) 农业高等职业院校办学定位**

一是就业区位定位。坚持服务中原经济区建设,以培养新型农业现代化为主、新型工业化和新型城镇化为辅的高技能型专门人才为己任,为区域经济发展方式转变和现代产业体系建设提供人才支撑。

二是人才培养规格定位。坚持把职业化农民作为主要培养目标,适应现代高效农业的发展,促进土地经营的集中和农业生产规模的逐步扩大,从而不断提高农业的劳动生产率和农业生产的效益。

三是社会服务面向定位。面向新型农业现代化建设提供农业新品种、新技术、新工艺。

**(四) 定位实践——教育教学改革的六项措施**

一是创新体制机制。建立了理事会议事制度,形成了多方(中原经济区建设地方政府、行业、企业)参与、共同建设、多元评价的运行机制,增强了办学活力。

二是调整专业设置与结构。围绕中原经济区发展战略,结合区域第一、二、三产业的发展需要,合理确定、不断优化专业结构和布局。

三是改革人才培养模式。以区域产业发展对人才的需求为依据,明晰人才培养目标;实施生产性实训和顶岗实习,探索建立"校中厂""厂中校"等形式的实践教学基地;搭建校企互动信息化教学平台,把企业的生产过程、工作流程等信息实时传送到学校课堂。

四是加强师资队伍建设。推动了学校与企业共同开展教师培养培训工作;加快双师结构专业教学团队建设,聘任了一批具有行业影响力的专家作为专业带头人、一批企业专业人才和能工巧匠作为兼职教师。

五是提升科技创新能力。孵化了一批新成果、新技术和新产品。

六是提高社会服务能力。形成了学院农业技术推广服务新机制,开展了与中原经济区相适应的农业技术与培训服务。

## 二、办学特色

学校办学特色的打造是国家教育政策制度的导向、市场经济体制的必然产物和学校自身发展的客观需求。河南农业职业学院在长期的教育教学改革实践过程中,沉淀和总结出了自己的办学特色,走出了一条特色化的发展道路。

### (一)"农"字化的办学理念

立足农业行业,高举"农"字旗,坚持走教学、生产与农业科学技术推广应用相结合之路,以服务"三农"、培养农业生产一线的高素质高端农业专门人才为宗旨。建校以来,培养大中专毕业生 10

万人,培训各类农业科学技术人员26万人。学院建有“农业部现代农业技术培训基地”“中国科学院高新技术河南示范基地”“全国农业科技旅游示范基地”“河南省农业高新科技园”“河南省农村党员干部培训基地”。

**(二)品牌化的专业建设**

依托中原经济区建设,以新型农业现代化、新型工业化和城镇化发展为主导,形成了特色鲜明、优势突出的种、养、加、经、贸、管、机、电八大专业群。建有园艺技术等七个省级示范专业、畜牧兽医等五个国家骨干专业、种子生产与经营等四个省高等学校特色专业、食品加工技术等两个教育部高等职业学校提升专业服务产业发展能力建设专业。

**(三)基于农业生产、农产品加工、农业规模化经营过程等各具特色的人才培养模式**

按照“高产、优质、高效、生态、安全”的现代农业发展要求,紧紧依托中原经济区新型农业现代化提高粮食综合生产能力的六个重大工程、四个农产品优势区、七个现代农业支撑体系建设,以新型工业化和新型城镇化优势产业群为辅,形成了基于农业生产、农产品加工、农业规模化经营过程等各具特色的人才培养模式。如食品加工技术专业实施了“5351”工学结合的人才培养模式,即以人文素质教育、通用职业能力、职业就业能力、素质拓展与创新能力和综合技能实训五类课程平台构建学习领域,围绕食品加工技术、食品分析检验和食品质量管理三个主要岗位群,培养学生的基本素质、职业通用素质、职业基础、职业关键和职业创新五种能力,实现培养高素质高端技能型食品加工专门人才的目标;园艺技术专业实施了“双循环、四段制”的教学模式等。

**(四) 应用型的科技创新**

学院长期坚持“科研兴校、人才强校”战略。举办高职以来，获得市(厅)级以上教科研成果236项，学院先后主持“农业部948康贝尔鸭”科技攻关项目，学院参与完成的“玉米单交种郑单958”玉米新品种获国家科技进步一等奖。

**(五) 零距离的社会服务**

学院在投身服务“三农”的实践中，为解决“三农”的人才和技术问题，经过长期的探索和实践，搭建了农业职业教育集团、农业高新技术示范园、“三农”专家服务团三个平台；实施农业生产、教学、农业科学技术研究推广之间的三个结合；实现学院人才培养质量、教科研水平和服务“三农”能力三个提升的服务发展模式。

**(六) 人文性和职业性相结合的学校文化**

学院60年来的励耕，形成了“崇真尚美、至善至和”的校风，“求真务本、言传身教”的教风，“慎思强技、学以致用”的学风和“明德修能、励志精业”的校训，滋养了服务“三农”的全体师生，形成了传统文化与现代文化，农业教育与行业、企业、职业和实践相融合的农业教育文化。

## 三、发展战略

**(一) 战略分析**

采用SWOT分析法，分析了中原经济区建设对农业高等职业院校发展的优势、劣势，机遇与挑战。

1. 农业高等职业院校发展的“四大优势”

中原经济区建设上升为国家重大发展战略，为农业高等职业院校发展提供了政策保障和财政支持；中原经济区建设关于稳农强农的战略原则、国家重要的粮食生产和现代农业基地的战略定位、“三化”协调发展的战略目标、三大主体功能区战略格局的形成等为农业高等职业院校的发展提供了人才培养优势、现代农业技术创新与服务优势;中原经济区作为国家区域经济主体的形成,为农业高等职业院校提供了就业优势;中原经济区强化核心、拓展外延、延及周边的发展布局为农业职业院校的发展提供了区位优势和比较优势。

2. 农业高等职业院校发展的“三大挑战”

农业高等职业院校自身在专业调整、人才培养、社会服务、技术创新等方面不能很好地适应中原经济区建设的迅速发展;农业行业本身存在着效益低下、农业技术发展滞后、农业现代化的节奏迟缓等因素;中原经济区建设基础设施薄弱、发展速度缓慢等因素也使农业职业院校的发展面临着严峻的挑战。

**(二)战略理念**

以人为本,科学发展。以人为本就是根据学生和教师的需求制定发展战略,真正树立起“一切为了学生和教师、为了一切学生和教师、为了学生和教师一切”的办学理念,加强对学生的人文素质教育和职业精神教育,在职业教育实践中把促进学生和教师的自由全面发展作为一切教育活动的出发点和教育改革的立足点。

**(三)战略原则**

坚持统一、协调、可持续发展和优先发展的原则。坚持人才培养、技术开发、社会服务、文化传承与创新统一发展的原则;坚持规模、结构、质量、效益统一发展的原则;坚持内部发展与外部环境之间的协调发展原则;坚持教学优先发展的原则;坚持技能培养与学生职业素养培养的协调发展。

**(四)战略规划**

一是区域发展战略,确立区域发展的战略理念,适应中原经济区建设，推进学院办学体制机制、专业建设、人才培养、师资队伍、科技创新和社会服务改革，加快服务中原经济区建设步伐。

二是特色发展战略，农业职业院校应形成具有自身特色的办学理念，重点建设特色专业，形成自己的专业品牌，构建特色鲜明的校园文化。

三是合作发展战略，积极实施学校与学校（包括国外学校）的合作、与企业政府间的合作、与社会的合作，实现与市场的接轨。

四是创新发展战略，农业高等职业院校只有实现科技创新、体制机制创新和服务创新，才能为中原经济区建设提供人才、技术和智力支撑，促进中原经济区"三化"协调目标的实现。

五是服务发展战略，农业职业院校应把对"三农"的服务放在首要的地位，积极为中原经济区建设提供技术和培训服务，促进农业科技成果的转化。

六是可持续发展战略，这既是我国高等教育发展的应有之义，也是河南高等教育发展的现实需要，还是促进中原经济区、实现"三化"协调发展的现实需要。

# 产权改革:我国职业教育集团化办学的必然

河南机电职业学院　张　震

职业教育集团化办学是遵循技能型人才成长规律和职业教育发展规律的办学方式选择,是我国职业教育发展的国家战略,是世界职业教育发展的中国元素,职业教育集团化办学已经成为当前职业教育改革的重要方向。从2012年起,教育部成立了9个课题组,对职业教育集团化办学的一系列问题特别是产权改革问题进行了专题研究。8月,笔者有幸参与了集团化办学产权改革课题的研究,在和课题组成员的交流中,对职业教育集团化办学有关产权改革的问题进行了思考。

## 一、职业教育集团化办学的显著优势

### (一)通过集团不断拓展职业教育资源

截至目前,全国已有30个省份组建了500多个职教集团,覆盖了1000多家行业协会、10000多家企业、近600家科研机构、50%以上的中职学校和80%以上的高职院校。通过牵头或者参与职教集团,职业院校的实训设备呈现级数增长,指导学生实验实训的行业专家和技术能手呈现倍数增长,行业、企业积极参与学校的招生、就业和专业建设,职业院校通过集团化办学实现了学校发展“四两拨千斤”的效能。

**(二)通过集团不断优化职业教育教学模式**

对国内职教集团的调研表明,职教集团有效地促进了产教结合和校企合作。职业院校和行业、企业共同制定人才培养目标,共建符合行业、企业要求的专业,开发适合学生成长规律和生产岗位要求的课程与教材,创设具有企业生产环境的教学环境,企业专家和学校教师共同执教学生的实验实训课程,以校企合作、工学结合为特点的职教办学特色逐渐彰显。

**(三)通过集团探索职业教育体制机制障碍破解途径**

集团化办学已发展至依托职教集团平台,组织化、常态化、系统化推进职业教育与行业、企业的密切联系和互动发展的新阶段。集团引入了一大批企业优质资源参与学校的人才培养工作。集团成员主要通过契约建立信任合作关系,与行业、企业实现资源共享。部分职教集团所在地政府,也以特批、特例、实验等手段,给予职教集团政策、项目支持,实现职业教育与产业的深度对接。困扰职业教育的行业联系缺纽带、企业参与不积极、人才培养针对性不够强等深层次体制机制问题在集团化办学中得到了有效缓解。

## 二、利益链不完善是集团化办学的瓶颈

随着集团化办学的深入推进,依靠情感、信任、契约建立起来的职教集团,由于未能形成紧密的产权联结,成员之间责权利关系不清,严重制约了集团成员参与职业教育的积极性,各方主体参与集团化办学的可持续动力不足的问题愈发明显。利益链不完善已成为集团化办学的瓶颈。

**(一)集团成员责权利不统一**

集团化办学的各个主体各具特殊利益要求,企业渴望盈利,学

校着力培养合格人才,科研院所需要技术推广和资金支持。他们凝聚在一起,必须明确各自的责任、权利和义务,以推动职业教育、促进行业发展。企业参与培养职业人才,支出额外成本,如生产时间的减少、生产秩序的打乱、材料消耗以及次品率的增加等,企业需要对所付成本索取合理回报。但实际上企业很难从学校获益,企业获利权并不能得到制度和法律上的保证,这就从根本上抑制了行业、企业参与集团发展的内生需求。学校具有培养职业人才的义务和权利,必须与行业、企业合作,但由于学校希望通过资金、土地、资产等与企业合作的主张并未获得国家政策的支持和保障,学校与企业合作只能打感情牌、信任牌,校企合作难以深入推进。由此,明确集团各成员的责权利关系、建立权责统一的利益机制、调动所有参与主体的积极性是职教集团深入、持续发展的关键。

**(二)产权关系不明确影响集团整体运行效率**

现代产权制度表明,责权利关系的统一,必须要有对应的产权关系。产权关系是产权主体之间,在财产的占有、使用、收益、处置中发生的各种关系的总和。在推进校企更深层次的合作时,依靠情感和信任建立的集团,因制度困境无法通过签订有关产权合作协议达到资源的有效配置和顺畅流动,最终造成职教集团成员在人、财、物等方面的融合度不高。职教集团实际上是一个松散的联合体,集团整体运行效率的提高受到极大限制。

**(三)国家制度层面的支持不够**

当前,国家对职教集团发展的制度支持和政策引导力度不够,需要出台相应的法律法规和政策规定,建立国家层面职业教育集团化办学的产权制度。如集团化办学的发展目标和要求,职教集团的地位、运作权限和业务范围,以及各集团主体的责任、权利和义务等都需要从法律法规上予以明确规范。

## 三、产权改革是完善集团化办学的突破口

### (一)产权改革是建立集团化办学利益链的核心

在政府、行业、企业、学校、科研院所和社会机构等职教集团主体间建立利益链是推进集团化办学的主线。产权改革和产权重新配置可以对职教集团的各参与主体产生最直接的激励与约束功能。第一,产权关系的实质是物质利益关系,排他性产权的重新分配和确定能够使职教集团各主体的权利和义务对称化,收益权的明确使产权主体更积极地参与职教集团运营。第二,集团各主体在产权改革和重新配置后形成的稳定预期,有利于产权主体从长远利益出发共同规划职教集团的发展,避免部分主体参与职教集团的短期化行为。第三,产权改革和重新配置对职教集团主体有约束功能,主体间的相互监督和相互协助机制可以有效防止"不作为"和"搭便车"等现象。

### (二)产权改革有利于减少交易费用

集团各参与主体合作中会产生交易费用,交易费用会对职教集团资源的有效配置和集团经济绩效产生显著影响。产权改革旨在降低交易费用、将收益和受损效应内在化。内在化的增加不但会导致经济价值的变化,而且会引起新技术的发展和新市场的开辟,由此显著提高集团整体运作效益。

### (三)产权改革有利于明确职教集团主体的责权利

产权改革影响职教集团各主体在责权利方面的变换,是界定集团主体如何收益或如何受损的权利束。在产权充分界定后,职教集团各主体在交易中能够准确预期其他主体的行为选择,为维护自己的利益,产权主体就会采取积极的行动,从而形成合力。

### (四)产权改革有利于提高职教集团的运作效率

不同的产权配置结构会产生不同的效率。职教集团需要合理

的产权配置结构以实现集团各主体的利益最大化。产权的两个重要特点对优化产权配置结构、提高集团整体运作效率具有十分重要的作用。第一,产权的分解和重组有利于优化资源配置、提高资源利用效率。第二,产权主要有约束和激励两种功能,产权的重要功能是通过调整产权结构,构建激励机制与约束机制、明确界定产权主体之间以及产权主体与非主体之间的权利和责任关系,从而提高生产效率。

**(五)国外职业教育经验呼唤产权改革**

西方发达国家没有职业教育集团化办学的提法,也没有产权改革的提法,这是因为西方国家的职业教育一直与行业、企业紧密结合在一起,其产权界定清晰、流转顺畅,职业院校资产可以参与市场经营。美国、德国、日本、澳大利亚等国家的职业院校,不仅与企业一起联合培养人才,其本身就有创业孵化基地成立相应的公司,使学校的资产有条件参与到市场中。企业、学校之间明确的产权关系,促进了校企合作。从国外发展职业教育的经验看,职业教育必须推进集团化办学,密切学校与企业的关系,学校和企业紧密合作关系的建立必须首先理清产权关系,通过产权改革和产权合理配置,学校和企业才能深度融合、紧密合作。

笔者认为,集团化办学产权改革的呼之欲出,不仅彰显了国家大力发展职业教育、走技术强国道路的决心,也是职业教育发展道路上的必然选择,是职业教育体现教育性与生产性相结合规律的必然路径。但是我们也应当看到,职业教育集团化办学产权改革还存在着诸多困难,对集团化办学的产权改革必然会牵一发而动全身,引发整个职业教育乃至教育的改革,这场改革可能会波及国家的财务、税收、劳动力市场等领域的改革,由此看来,尽管国家对职业教育集团化办学产权改革的决心很大,但实施起来依旧困难重重。

# 构建校企合作长效机制存在的问题及对策

河南省工业设计学校　贾光宇

中外职业教育的发展实践已经反复证明，校企合作是培养职业人才的必由之路，甚至可以称之为职业教育的“法宝”。而校企合作长效机制的构建则是保证人才培养质量稳步提高和实现职业教育可持续发展的重要基础。只有做到了这一点，才能带动和引导专业建设、课程设置、教学内容和教学方法的改革等，才能把技能型人才培养所必须完成的一系列环节与任务落到实处，从而切实保证毕业生的顺利和高质量就业，使其真正成为现代化建设的有生力量。

改革开放以来，我国职业教育飞速发展与提升，其中相当一部分成就应该归功于校企合作的不断拓展和深化。《国家中长期教育改革和发展纲要(2010～2020 年)》明确指出，“职业教育要面向人人、面向社会，着力培养学生的职业道德、职业技能和就业创业能力”，要“建立健全政府主导、行业指导、企业参与的办学机制，制定促进校企合作办学法规，推进校企合作制度化”。因此，以政府为主导、以学校为主体、校企合作共同育人的办学机制的逐步形成和日臻完善已成为必然，与生产劳动相结合、与社会实践相结合的学习模式亦是必需。

就我省的职业教育而言,经过多年的不懈努力,校企合作已经取得了长足进步,并且仍在不断向全面、深入、规范的方向发展。不少职业院校和相关行业、企业不仅合作密切,成效良好,而且其中不乏有益探索和典型经验值得借鉴和思考。但是,校企合作长效机制的建立还远远谈不上完善,仍然有一些问题需要面对和解决。这里,笔者仅就其所认识到的问题及原因做简要剖析,并提出相应的对策。

## 一、共赢机制尚未完善

共赢机制是校企合作的根本动力。在校企合作的起步阶段,曾经在较长时间内困惑我们的所谓"一头热、一头冷"的现象,其根本原因就是难以实现共赢。曾经有相当一部分企业认为,校企合作的过程纯粹是学校获益、企业付出的过程。加之诸多社会因素的影响,几乎绝大多数职业院校探索校企合作的历史都可谓是一部奋斗史甚至是艰辛史,其中之坎坷不言而喻。

多年过去了,虽然这种令人尴尬的局面有了很大改善,但在校企合作的诸多实践中,基础不牢固、合作不稳定、企业积极主动性不强等问题仍然在一定范围和程度上存在着,有些甚至还比较严重。说到底,仍然是共赢机制不完善,从而导致收益不等同。当这种不等同所呈现的差距比较明显时,必然对合作的成效与前景产生不利的影响。

我们不得不承认,在市场经济条件下,企业不仅具有绝对的经营自主权,而且获取利益的最高目标是永恒的。要真正实现对等共赢,作为力主校企合作的职业学校,由于受到种种限制,相对于企业,实际上完全属于弱势群体,付出的努力无疑是非常的。但我们没有别的路可走,只有主动承认这种差距,同时寻找问题的原因所在，设身处地地为企业着想，一如既往地做出努力，才能争取掌握合作的主动权。尤其是中职学校，校企合作不能停留在帮助企业解决用工问题的层面上，要充分发挥自身优势，不断挖掘有效的合作领域，如帮助企业进行技术培训、加强技术指导、参与技术开发、开展科研合作等，让企业感受到在多方面的确有“利”可图。除此之外，学校要做到四个主动：主动走出去，加强与企业的联系与沟通；主动加大宣传，让企业深入了解职业教育、了解学校、理解校企合作及其意义；主动深入调研，发现企业需求，寻求校企合作的最佳方式；主动发展自己，不断增强学校实力，提高对企业的吸引力。只有这样，才能为校企合作的共赢机制奠定坚实的基础，创造更多的机遇和充分的条件。

## 二、融合机制有待深化

校企合作的真正目标和最高境界应该是“水乳交融、共同育人”。客观地讲，要真正实现这一目标，即以学校与企业的“零对接”，来打造毕业生与未来工作岗位的“零对接”，还有很长的路要走。校企在多层次、全方位的深度融合是实现这一目标的重要机制。这种融合既要体现在双方不同的观念、文化、情感、利益等诸多方面，更要体现于合作育人的整个过程。实现这种融合的由点到面、由表及里和不断拓展与深化，需要校企双方长期的、多方面的交流互动和共同努力。如定期相互走访、开展相互宣传活动、人员交叉任职、进行双向培训、共建实训基地、拓展技术合作等，这些无疑都是促进这种融合的有效举措。在合作育人的过程中，从培养方案的制定到实施、从各个教学环节到每门课程、从师资配备到素质提高、从理论教学到技能训练、从知识学习到品德培养，都要由双方共同完成。除此之外，在选择优秀毕业生进入企业就业时，也可以由双方共同推荐。学校还可以根据企业的特殊需要和建议,由双方合作为可能进入企业就业的学生开设专门课程及专门技能训练项目。还可以开办以企业冠名的班级,为企业实行专门的“订单培养”。对入校就读的企业员工及其子弟,实行一定的优惠政策。当然,有条件的企业,可以采取在学校设立奖励基金、对困难学生进行资助、向学校捐赠实训设备、帮助学校建立校内外实训基地、协助学校培训“双师型”教师等方式,这对于促进师生对企业的了解与认识,增强为企业服务、到企业就业的自豪感,从而加速、加深双方的融合。

## 三、责任机制应该落实

由于校企合作的特殊性,尤其是在校企合作的初级阶段,完全是学校有求于企业,学校只能提建议,不能提要求,更谈不上要企业负什么责任。因此,责任机制的落实往往比较困难。校企合作的深化以及学校主动权的扩大,为责任机制的落实创造了一定条件。我们必须认识到,为了实现全面育人、科学育人、和谐育人的目标,落实责任机制是必不可少的。在法制不断走向完善的今天,不仅要通过制度的建立、完善来明确校企合作过程双方的责任、权利和义务,更要通过具有法律约束力的合作协议来规范双方的行为。落实责任机制的好处可以归纳为以下几点:为合作健康发展提供责任保障,促进育人过程顺利进展,保证育人目标得以实现;在具体过程与细节上,人人在做事,事事有人做,不脱节,无扯皮;当出现问题时,责任明确,易于判定与解决;促进合作的良性循环,利于合作的拓展与深化。当然,责任机制的落实必须以责权利分明,客观、公正为前提,以相互尊重、诚意、诚信为基础。只有这样,才能真正实现双方条件对等、形成一致认可的责任机制。

## 四、评价机制必须建立

评价机制的建立，既是对校企合作成果、效益的检验，也是对校企合作的指导与促进。就现状而言，由于学校和企业都具有性质、结构多元的特点，而校企合作的模式又多种多样，合作的深浅程度亦各不相同，加之不同类别的专业各自具有的特殊性，使得校企合作评价机制的建立与完善遭遇多重障碍。目前能够得以实现的评价主要集中在教学质量方面，甚至只体现于某些双方合作进行的实践教学环节上，评价的重点是学生获取技能的情况。一般都采用校企双方共同评价的方式，但企业参与评价容易流于形式。从长远来看，校企合作的评价机制应该从三个方面来完善。一是评价内容不仅应包括教学质量，还应包括校企合作的全部目标及过程。在办学、育人质量及就业方面的合作情况当然要成为评价的主体内容，与此同时，合作创新与发展的内容也应纳入评价体系。二是在目前的情况下，由双方评价的方式也要继续完善，学校的评价要做得更细致、更全面，而企业充分参与评价是必需的。从未来发展而言，只有校企双方参与评价是不够的，应该逐步建立起既有校企双方参与评价，又有政府及社会团体参与评价的机制。三是建立发展性评价机制。从校企合作的实际出发，科学分析未来发展趋势，确定新的发展方向，找出问题和不足，不断改进和完善，促进校企合作水平持续提高。

## 五、促进机制还需加强

与 10 多年前相比，我国为适应职业教育需要而兴起的校企合作已经有了很大发展，所取得的成就也是令人瞩目的。但与国外的先进经验相比，差距仍然十分巨大。综观目前校企合作过程中存在的种种问题,如合作方式比较单一、合作层次缺乏深度、合作成效还不够稳定、地域及校际之间还存在差异、相当一部分企业仍然缺少积极主动性等,必须依靠促进机制的加强来逐步解决。

促进机制的加强,一要靠学校自身的努力。学校要继续克服困难,创造条件,增强实力,主动出击,尤其要从我国经济社会发展的实际出发,设身处地地为企业着想,牢固树立为企业服务的思想,争取校企合作的主动权。二要靠企业的主体参与。企业首先要切实认识到,从长远来看,校企合作既是职业教育发展的必然趋势,也是企业发展的重要机遇和途径。尤其是通过校企合作的方式,争取学校在人才培养、技术进步、项目研究等方面的优先支持,以增强企业的核心竞争力。通过企业规划及制度的完善,让校企合作成为企业发展的一部分。三要靠政府的统筹协调。在机构方面,只靠教育行政部门是远远不够的。各级政府应该成立专门机构,并赋予其职能和权力,负责校企合作的协调事宜。在政策制定方面,既要有激励校企合作的政策,又要有惩罚作为不力甚至不作为者的政策。在政策的落实方面,一是要把政策宣传好,尤其要在企业中深入宣传,对政策的明了不仅要知会企业领导层,还要让企业员工人人皆知。二是要把政策落实到位,尤其是对企业的激励政策,不能打丝毫的折扣。为了强化政府的促进作用,还可以对企业参与校企合作进行资格认定,凡取得资格者,实行公开挂牌,并通过企业或校企共同申报,然后通过一定程序和方式,下达阶段性的校企合作任务。这样既是对企业参与校企合作积极性的鼓励,同时也起到一定的促进和监督作用。政府相关部门还可以通过定期或不定期巡视检查的方式,对校企合作的情况进行督导,发现问题,并及时解决。

# 构建农业高职院校校企合作长效机制的探索与创新

河南农业职业学院　刘源

2010 年 10 月,《国家中长期教育改革和发展规划纲要(2010～2020 年)》明确提出要“建立健全政府主导、行业指导、企业参与的办学机制,制定促进校企合作办学法规,推进校企合作制度化”。这是我国首次提出制定校企合作法规,并将其纳入国家教育体制重大改革试点范围。2010 年,教育部、财政部又下发了《关于进一步推进“国家示范性高等职业院校建设计划”实施工作的通知》(教高〔2010〕8 号),启动了建设 100 所国家骨干高职院校的计划,把重点放在建立和完善校企合作体制机制上,明确指出 100 所国家骨干高职院校的主要建设任务是“创新办学体制机制,推进合作办学、合作育人、合作就业、合作发展,增强办学活力”。为促进我省职业教育校企合作进一步发展,2012 年 5 月,河南省人民政府印发了《河南省职业教育校企合作促进办法(试行)的通知》(豫政〔2012〕48 号),明确了政府、行业协会、企业和职业院校在职业教育校企合作中的具体任务、责任和权利,同时出台了《河南省人民政府关于创新体制机制进一步加快职业教育发展的若干意见》(豫政〔2012〕49 号),指出“改革封闭式办学模式,积极推进校企合作”;2013 年 3 月,尹洪斌同志在 2013 年度全省职业教育和成人教育工作会议上的讲话中强调2013年的工作重点之一就是“大力推进校企合作”。领会国家、河南省和教育厅对职业教育校企合作的指导思想,对我们正确把握教育创新的发展方向、推进校企合作工作的深化、提高人才培养质量具有重要的指导作用。

河南农业职业学院作为河南省农业高职院校、首批国家骨干高职院校建设单位,始终坚持以服务为宗旨的办学模式,在多年的探索与实践中,尤其是在省级示范院校和国家骨干院校的建设过程中,将建设校企合作长效机制作为重要内容。如今校企合作机制建设日趋完善、合作环节逐步增多,已经由当初的入门发展为现在校企合作开展得如火如荼、深入到人才培养的全过程。

## 一、聚焦行业、企业需求,强化高职服务行业、企业的意识

长期以来,高职院校多从“培养人才”的需求出发,希望企业能够不惜牺牲自身利益来承担合作培养人才的任务,忽视了企业作为经济实体而应得的利益需求,导致企业缺乏参与校企合作的积极性。对河南省50家企业的问卷调查显示,影响企业参与校企合作积极性的主要因素是企业的生产效益和学生实习期的安全问题。还有一个重要的因素尤其应该引起学校的反思,就是高职院校服务企业的能力问题。互利双赢是校企之间深入合作的驱动力。

高职院校缺乏服务行业、企业的意识,这和我国的高等职业教育模式息息相关。发达国家的高等职业教育模式是内生模式,无论是德国的“双元制”、美国的“社区学院”,还是日本的企业内培训模式,其诞生和发展都源于当时行业、企业自身的发展需求,行业、企业界积极参与其中,既是人才的使用者,又是人才的培养者。因此,西方国家高等职业教育的服务意识明确。20世纪末,我国国

企和教育改革剥夺了行业、企业举办职业教育的权利，导致职业教育脱离行业、企业的需求。高等职业教育发展基本上由政府设计和控制，政府掌握着优势的高等职业教育资源的分配权，高职院校只有围绕政府的要求发展，才能获得更多的教育资源。所以说，我国高职院校缺乏服务行业、企业的意识是有历史原因的。我们也切身体会到，过去没有划转到地方时，学校与行业、部委的关系是“输血型、服务型”，现在则是“若即若离型”。高职院校针对行业、企业的需求，培养适销对路的高端技能型人才的难度越来越大、成本越来越高、路径越来越窄。随着高等职业教育的发展，无论是政府还是高职院校都逐渐意识到，高等职业教育的本质价值在于能够满足社会经济产业发展和行业、企业发展的需求，这也是高等职业教育的生存之基。因此，高职院校必须快速树立起服务行业、企业的意识，不断提升服务行业、企业的能力、水平和质量。

目前我国正在进行产业转型调整，一些新兴产业不断涌现，对能够胜任这类工作的一线技术、生产、管理等较高素质的人才需求量也在增加，而这批人才大都从职业院校产生，于是，企业与高职院校具有了合作的积极性。在校企合作中采取学校主导、企业参与的原则下，学校应顺应企业需求进行改革和调整。

## 二、对接行业、企业需求，进行教学改革和调整

职业教育从其产生的那一天起，就与行业、企业有着天然的联系，它起始于行业、企业的技术、人才和文化需求，发展于行业、企业的技术、人才和文化需求。因此，对接行业、企业需求，是探索职业教育校企长期深度合作的起点。

**(一) 以企业的岗位设置为出发点,根据岗位开发能力点**

通过对企业岗位工作任务的分解和工作过程的分析,调整专业定位及教学计划,制定课程标准,优化课程内容结构,使其贴近岗位实际。在用人企业的实际需求的基础上,开发设计出符合企业岗位能力要求的课程体系。我院每两年进行一次专业人才培养方案论证,邀请同类院校和相关行业、企业参加,对专业培养目标、办学条件、企业需求、就业前景等方面的材料进行审阅和论证,结合中原经济区建设和现代农业发展需求,围绕专业的人才需求、课程设置、办学条件等进行讨论交流,并将意见和建议进行现场反馈。目前学院已经形成了一批特色鲜明的课程体系,如我院的种子生产与经营专业和畜牧兽医专业创建了"创业型课程体系"、计算机多媒体技术专业创建了"与行业标准相衔接的课程体系"、园艺技术和园林技术专业创建了"基于就业能力的课程体系"等。

**(二) 改变过去传统的制式教育模式,实行弹性化教学**

根据企业生产作业流程的需要对教学进行安排调整,如可在周末教学、可在企业现场教学、可安排在晚间由企业专家进行讲座等。改革以前传统的教学形式,一切以提高学生技能、实践为核心。

**(三) 利用教师的专业优势,为企业员工进行理论培训**

可利用教师的专业优势,对企业技术员工进行知识更新、职业培训,解决技术难题,此外,教师还可接合作单位的新业务、开发项目和课题研究等。如河南省志义农业科技发展有限公司是我院合作地方的服务对象之一,该公司在中牟县北部的建设项目有国家农业公园、旅游观光农业示范区、精品果蔬示范园建设基地、郑州市龙祥现代水产科技示范园。学院专门成立了技术服务专家组,专家组及院领导已多次前往进行技术指导,该园区也是园艺园林系的校外实习实训基地之一，为我院相关专业学生提供了实习和就业平台。

### （四）为企业推荐优秀毕业生

准毕业生在合作企业顶岗实习期间，合作单位可根据实际用人需要和毕业生的意向，和学生直接签订劳动协议。当然，本校毕业生经学院培养合格后，可由签订合作协议的企业优先进行选择。如现代农业工程系的校企合作企业——河南省金囤种业有限公司，是"农业产业化省重点龙头企业"，被农业部确定为"全国农资连锁经营重点企业"，先后接收我院毕业生 16 人，这些人中，有的已经在这家公司干了 12 年，有的刚刚在这里顶岗实习不到 1 年。公司对我院毕业生、实习生的表现给予了充分的肯定，我院学子务实的作风也切合了企业的需求。

在校企合作中，学院得到了企业实践的大力支持，企业更是在这场合作中获得了货真价实的好处。所以，这也是校企之间长效化合作的保障和动力。

## 三、高职校企合作长效机制的探索与创新

### （一）构建多主体参与的校企合作体制

1. 地方政府（包括行业主管部门）高度重视校企合作

《河南省职业教育校企合作促进办法（试行）》明确了政府、行业协会、企业、职业院校在校企合作中的责任与义务，真正体现了政府作为第一责任人的身份。在河南农业职业学院省级示范院校和国家骨干院校建设的过程中，省农业厅、教育厅和财政厅不但提供了强有力的资金保障，而且在招生计划、专业建设、教育教学改革、办学基础设施建设、体制机制创新等方面给予政策倾斜和大力支持，并联合指导、检查和监督项目建设及资金落实情况，及时协

调、解决建设过程中遇到的各种问题,保证了国家骨干院校建设项目的顺利进行。

2. 吸纳新的校企合作参与主体

为了贯彻落实实施河南省人民政府与中国科学院合作的“高产高效现代农业示范工程”项目,我院与服务对口县通许县、中牟县分别联合成立了领导小组和技术小组,受到通许县和中牟县政府的高度重视,收到了良好的社会效益,为地方农业增产、农民增收做出了贡献。尤其是中牟县北部的国家农业公园、旅游观光农业示范区、精品果蔬示范园建设基地、郑州市龙祥现代水产科技示范园建设项目,园艺、园林专业学生全程参与园区建设工作。通过技术服务锻炼了学生吃苦耐劳、踏实肯干的精神,更好地促使理论联系实践,提高了学生的实践技能和动手操作能力,达到了互利共赢。2012 年 12 月 18 日,我院园艺园林系与开封县青年农民专业合作社联合会在开封县签订校企合作协议,这是我院校企合作的又一新成员。尽管目前县级政府、农民合作社作为新的主体参与学校合作的数量还不是很多,但这意味着我们作为高等职业院校完成了对校企合作在观念上的突破,即不是为了合作而合作,而是为了办学而合作,达到了正本清源的目的。

**(二) 完善校企合作管理体制**

经过多年的实践探索、总结,我省高等职业院校校企合作已经开始走出松散、无组织的混沌状态,逐步演变成有内部治理结构的社会组织形式。如董事会、理事会的建立和运作,将使高等职业院校校企合作办学形成长效机制。我院在国家骨干院校的建设中,由河南省农业厅、河南农业职业学院、河南省高新科技园区和学校投资企业为成员单位联合成立了“河南农业职业学院理事会”,出台了《河南农业职业学院理事会章程》,承担了学校规划、筹资、人才培养与就业、技术服务等多项功能,实施了《学校与成员企业设备共享与运作管理办法》《教师下企业实践锻炼实施办法》等23项制度。

**(三) 创新校企合作运行机制**

我院食品科学系与好利来南方公司联合成立了“校中厂”——河南农业职业学院“好利来南方公司烘焙技术培训中心”。这是学院食品工程系与北京好利来企业投资管理有限公司南方公司在前期校企合作基础上的又一次积极探索,前期双方在顶岗实习、企业技术人员参与实践课教学,共同指导学生参加“盼盼杯”第二届全国职业技术学校(院)在校生创意西点技术大赛方面,取得了很好的效果。中心的成立既满足了食品工程系相关课程的实验实训要求、为学生提供了实践和创新的平台、构建了真实的“校中厂”实训环境,又可以实现“岗前培训前置”、为企业培养业务熟练的技能型人才。动物科学系与郑州金元科技饲料有限公司进行项目合作,公司为学院教师提供科研、教学、探讨的场所,为学生提供多层次的学习机会。这些表明学校在校企合作运行机制方面有了新的突破,实现了校企合作办学的良性发展和长效机制。

**(四) 学校、企业在办学合作中的新动向**

作为实质性的校企合作办学主体,学校和企业的行为出现了新的变化。作为高等职业院校,过去主要是为企业培养人才、提供培训服务,如今开展技术服务也成了学校服务企业的主要内容之一,技术服务的层次加深、范围扩大、次数增多,学校还专门为合作企业设置了“专家流动工作室”,表明学校在校企合作中的实力和地位正在提升,特别是还参与了一些企业的技术研发与行业标准制定。

作为企业一方,也突破了过去只局限于提供兼职教师、共建实训实习基地等一般做法。目前多数企业参与专业人才培养方案的论证、课程开发、校企合作教材的编写,提供生产性实训、顶岗实习岗位和就业机会。如多美兽药有限公司等企业直接以经费和设备加入我院共建,河南省华威化学有限公司、上海联保作物科技有限公司、郑州益源动物药业有限公司等企业与学院相关专业联合开办"订单培养冠名班",公司为学校提供专项经费,用于奖学金、助学金以及班级活动经费的发放;创世纪转基因技术有限公司、河南省金囤种业有限公司、河南省景观园林规划设计有限公司、郑州绿金园农业科技有限公司等企业建立了"教师流动工作站",创世纪转基因技术有限公司每年为专业提供5万元资金,连续提供5年,主要用于专业发展和贫困助学。这一切都表明,校企合作中的企业与学校之间已经不再是肤浅的合作,而是真正的共建。

**(五)行业对学院办学有了较高的关注**

中原经济区建设与农业现代化对农业和农村各类技术人员的要求越来越高,农业职业院校不仅能够培养大批有文化、有技术的新型农业劳动者,而且还能提供在生物技术、畜牧高新技术、设施农业、农业检测等岗位具有较高的专业理论、较强的实践技能与技艺的专门人才。由此引起行业对高等职业院校办学的真正关注,我院牵头成立了河南省职教集团,河南省农业教育协会、省农业厅、农科院、种子站、植保站、土肥站都是成员单位。除了多次参与专业课程标准的制定外,省农科院、植保站、土肥站交由我院教师来承担的一些科研项目数量逐年增加,并支持学院开展校企合作和组织学生开展生产性实训。

# 建立校企合作长效机制的探索与思考

博爱县职业中等专业学校　李有才

校企合作的根本目的是学校、企业、学生、社会互利共赢，对学校而言，其优势在于培育技能型人才、提高办学质量，同时利用企业提供的实训设备、实习基地、专业师资等，最大限度地减轻学校在实习、实训设备上的投入和专业师资培训的压力；对企业而言，其优势在于可以储备人才、随时招募到可用的技能型人才、提高现有人力资源的数量和质量，从而减少人力资源成本、增强市场竞争力；对学生而言，其优势在于能够提高学生的实践动手能力、使其就业的渠道更加畅通和宽广；对社会而言，其优势在于能够改善就业环境、提高就业率、实现人才供需的可持续发展。

博爱县职业中专是首批国家级重点中等职业学校。在为当地经济建设培养技能型人才的过程中，如何建立校企合作长效机制、实现职业教育与县域经济发展的良性互动是我校近年来一直在思考和探索的重要课题。

## 一、主动服务，加强与地方合作社的合作，寻找校企合作长效机制的共赢点

为了企业的发展要求设专业，为了培养企业需要的人才建设

教师队伍，为了培训企业需要的岗位技能型人才的知识技能编写教材，为了实现企业所需人才知识技能的掌握建设实训基地，为了确保企业所需人才的可持续发展改革创新教育教学模式，为了培养快速适应企业发展的高素质人才，重新构建校企一体化校园文化体系，这是我们在办学过程中形成的总体办学思路和教育教学理念。

我校是一所以“农”字发展壮大的农村职业学校，建校40多年来，为博爱县广大农村培养了大批基层管理人员和技能型人才。我县是全国蔬菜标准化生产示范县，目前已建成了八个河南省无公害蔬菜生产基地、两个省级蔬菜标准化示范园区，认证了八个无公害蔬菜产品标志。先后注册了“孝敬牌”“苏篮子”等蔬菜商标，农民专业合作社已达270家，其中，国家级1家、省级3家、市级17家，带动全县5万户农户从事蔬菜生产、林果种植、畜禽养殖等。

在实际工作中，我们学校培养的学生，毕业后绝大多数会回到广大农村。为了培养学生的能力，在办学过程中，我们力争摆脱以课堂为中心的封闭式办学模式，采取多种措施加强与中原种植、孝敬蔬菜等专业合作社的密切合作，运用合作社生产资源充实学校实训条件，聘请生产人员指导学生开展实习实训，根据合作社生产信息，实现学校人才培养紧跟市场需求变化，按照合作社用人标准的要求培养人才。在密切的往来互动中，我校与合作社彼此加深了了解、增进了感情，提高了学校的办学效益和企业的经济效益，这种互助共赢的模式也使我校的教育教学焕发出了新的活力。

我校的种植与养殖两个专业是省级骨干专业，每年有大量的实践教学任务需要完成。以往这种生产实践大多数是在学校的实习园区完成。但是，由于受实习园区规模小、设施不配套、专业教师在一定程度上对农业生产经营现状缺乏全面了解等因素的影响，教学效果受到一定影响。近年来，我校与富源养殖专业合作社、中原种植合作社等签订合作协议，在实践教学过程中，专业教师与合作社的技术人员按照蔬菜病虫防治、葡萄修剪、生猪病害等课程的实际要求对学生进行岗位培训，把农业生产的最新技术和管理方法传授给学生，使学生在校期间就可以熟悉农业经营管理中的实际问题，并节约实习实训费用30万元。同时，合作社也从合作中获得了良好的经济效益。如我校利用在食用菌栽培方面的优势技术和专利技术，对金城合作社食用菌生产提供技术支持，为合作社创造经济价值400余万元。所以，通过主动服务企业，寻找校企共赢的结合点，能使校企合作关系长期保持良好状态。

## 二、加强与地方产业合作，培养县域经济急需人才，保持长久合作的潜力

校企合作中常常遇到的一个问题是，企业文化和校园文化难以很好地融合，这是建立校企合作长效机制的一个障碍。而校企合作长效机制的建立依赖校企的深度融合，需要共同的文化理念、共同的价值取向。因此，如何将企业文化引进校园，并让其成为校企合作长效机制建立的“黏合剂”，是值得认真摸索和大胆尝试的。

我县产业集聚区位于县城东北部，处于县城与焦作市区的连接线上，交通区位优势明显。2006年，产业集聚区开始规划建设。2008年被确定为全省首批产业集聚区，形成了以好友公司、赛尔公司、强力公司、中汇公司等为龙头的汽车零部件产业，以德克公司、制动器公司、力亚公司等为龙头的装备制造业和以妙字号公司、伊赛公司等为骨干的食品加工业等三大主导产业，产业优势明显。

博爱县产业集聚区的发展为我校的实践教学提供了最好的平

台。“校企合作、校企双赢”既是学校的希望,也是企业的需要。充分利用产业集聚区的企业设备、人员优势,为我校实践教学提供场所与设备,提高了学生的实践动手能力,使我们培养的学生更加适应现代企业的需要,同时也使我校的这部分优质资产得以充分发挥效益。

在具体实践中,我们同好友公司、赛尔公司、德克公司、制动器公司、妙字号公司、伊赛公司合作,签订合作协议,探索建立比较科学的合作模式,即学生在学校学习半年,到企业实习半年,交替进行。在校期间,企业还可以派专门讲师结合生产所需、企业文化、管理制度等,对学生进行专题培训。学生毕业后,可以直接成为企业发展壮大急需的骨干技术人才和管理力量。我们的具体做法如下:

一是坚持“围绕市场办专业、围绕企业搞实训、围绕岗位设课程、围绕需求育人才”的思路,注重技能型和紧缺型人才的培养。为深层次促进校企合作,我们对专业设置和课程开发进行合理调整,将学生分为升学和就业两类,并根据需求设置调整课程,深入研究市场需求、人才规格、知识技能结构、教学内容和成绩评定等方面的内容,进一步将培养目标明确化,从而为企业提供更大的选择空间。同时,聘请公司的技术人员长期担任专业实践教学的指导教师,与专业教师共同参与教学计划的制订、生产实践等全部教学过程,产生了较好的效益。

二是校企合作推动了专业教学理论的提高。实践证明:在校企合作方面,学校应重点考虑专业方向的调整,并开发、设计、实施灵活的培养方案。在具体工作中,我们和企业在认真调研的基础上,从实际需要出发,共同制定了《专业教学指导方案》,有效地指导了专业教学的开展。

三是校企合作极大地提高了学生的实践动手能力。双方人员带领学生,按照实践教学指导书,在生产线的各个岗位,按照生产标准轮岗学习操作,废品率较之合作以前有较大幅度的降低。同时,一对一的指导使学生的动手能力快速提高。

四是在人才培养方面,坚持把"为学生创业奠基、为学生成才服务"作为校企合作的出发点和落脚点。通过产教结合的实践教学,学生基本熟悉了岗位工作的基本要求,为毕业以后参加工作奠定了良好的基础。

实践证明:我们通过"一企一班"的模式,将企业文化引进校园,以包容一切的胸怀学习社会、适应社会、求才于社会、问计于企业、借智于企业,最终用企业的价值观、效益观、效率观、经营观来影响学生。也只有这样,才能真正体现职业院校办学的开放性、实践性和职业性。所以,我们以"一企一班"的模式为载体,学校与企业建立了长期紧密联系的合作关系。企业文化得以在校园里扎根生长,而学校为企业提供的服务也持续了下去。可持续的服务为校企合作奠定了坚实的基础,使校企合作长效机制得以建立起来。

## 三、通过与发达地区的学校联合办学,为校企合作长效机制搭建平台

要全面深入推进校企合作,必须在改革创新、拓展空间、增强实效上下功夫,全面提升合作层次,着力拓展合作空间,不断增强合作实效。因为校企合作从某种意义上说是一种商业行为,需要按照市场运作的方式洽谈项目、制定规则、明确双方的责任与权利,以保证合作关系的健康发展。在具体工作中,我们还通过校校联合的方式来实现校企长效合作,同样收到了较好的办学效益。

在博爱县,有不少家长想把子女送到大城市去学习,希望子女

能在大城市工作。根据这种情况,从2009年开始,我们与北大青鸟企业联合开办了计算机青鸟班和淘宝班。其模式是入学前两年在我校学习基础课,第三年到郑州总部学习,由我校选派部分教师负责学生的生活管理、学习管理,北大青鸟负责全部教学工作。

同时,我们在学生中大力开展“五种能力”(心理调节能力、沟通协调能力、动手操作能力、开拓创新能力、自我教育能力)的培养工程,力求学生知行合一、德技双修,以更贴近企业需求。2009～2012年,我校累计有1858名学生获得相关的技能等级证书,平均通过率为95.13%。在主干专业毕业生中,“双证书”率达96%,专业对口率达72%,受到了家长和学生的好评。

## 四、面向地方经济发展,以技术服务方式进行长效校企合作

职业教育适应经济社会发展的灵活性和适应性,集中体现在不同行业、不同职业人才培养的实践特色和教育过程的特点上,包括各种各样的校企合作模式。不同模式反映了各要素之间的多样化和适应性。如建筑企业冬天不能施工,实习应安排在暑假前后;农业、林业要依据作物生长周期安排实习;旅游实习则要考虑安排在旺季等等。因此,构建灵活的调节机制,是校企长效合作的基本保障之一。在这一点,我校取得了可喜的突破,探索出了一条行之有效的道路。

我校的葡萄种植、食用菌研究、生猪防疫等技术,通过专业课老师多年的攻关,已经形成了一套完整的技术程序,形成了以高级教师为主体的研发队伍,可以较完整地进行种植、养殖等全部实践教学活动。但是,由于场地、设备、技术的限制,对于如何进行规模化的生产并产生巨大的经济效益,我校未能深入进行,这不利于学

生毕业后开展就业、创业工作。于是，我们的目光转向了博爱县众多的葡萄种植户、食用菌生产企业、生猪合作社等。为加大服务力度，我校本着“面向农村、关注农业、服务农民”的宗旨，组织专业教师编办了《职专农事参谋》小报，两周一期，为农民群众解析政策、传递信息、推广科技、解答疑难，同时组织师生组成了科技服务小分队，深入农户、生产企业，以技术服务的方式在广大农村开展教学实践活动。截至目前，师生共发放农事参谋小报22期、20余万份，这成为了农民科技致富的好帮手。

同时，我们本着“传播科技、服务菜农、健康民生”的宗旨，开通了博爱蔬菜网，开设了蔬菜新闻、蔬菜生产、蔬菜医院、蔬菜营销以及蔬菜文化等10个栏目，使农民足不出户便可学到先进实用的农业科技知识。截至目前，网站点击人数已达10多万。这既传播了农业科技知识，又丰富了农民的业余文化生活，深受农民欢迎。

以上方式的校企合作，一是使我校教师的视野从实验室的研发转到了大面积的生产，丰富了生产经验，充实了教师的实践技能和实践教学经验。二是为学生就业、创业探索了一条新路。例如，我校的种植和养殖类专业的学生大多数来自农村，根据这一情况，我们增开了食用菌栽培技术课程。学生在校期间就能掌握食用菌栽培的基本知识。以往的教学程序一般是在课堂上讲、到实验室里看，动手机会较少。通过技术服务的方式，学生掌握了食用菌生产的全部操作过程，掌握了食用菌规模化生产的技术要领。这种做法使我们培养的学生既有理论知识，又有实践能力，同时兼具创业精神。所以，近年来涌现的毕业生典型人物和先进事迹层出不穷。如优秀毕业生崔三方，现任中国食用菌协会会员，他创办的食用菌合作社为当地年创利润800万元，成为带动群众致富的“食用菌大王”，他本人则作为优秀职业学校毕业生代表，巡回全省中等职业学校做报告。

总之,职业教育与县域经济发展息息相关。职业教育的发展壮大能为县域经济的发展提供人力资源;而校企长效合作又为职业教育提供难得的发展机遇、广阔的发展空间和强大的发展后劲。实践证明,只有建立了校企合作的长效机制,找到了校企共赢点,职业教育才能真正把培养高素质技能型人才、服务当地经济建设这篇大文章写好。

# 校企合作长效机制研究

罗山县中等职业学校　陈有钧

校企合作是一种以市场和社会需求为导向的运行机制，建立校企间良好有效的合作机制，是职业教育改革发展的重要方向，是职业教育发展的必然趋势。因此，校企必须在政策的指引下、在政府的主导下，通过全方位、多领域、深层次纵横交互等途径形成校企合作的长效机制。

## 一、政府强力推动，形成外部保障机制

《河南省人民政府关于创新体制机制进一步加快职业教育发展的若干意见》（豫政〔2012〕49 号）中指出“探索建立由政府强力推动，政府部门、行业协会、企业、职业院校等广泛参与的符合我省职业教育实际的校企合作新机制”，政府的强力推动既是大力发展职业教育的有力推手，也是校企合作长效健康发展的坚强支撑。政府应该全面深入落实大力发展职业教育的各项优惠政策，创设职业教育发展的良好环境，营造职业教育发展的良好氛围，筑巢引凤，吸引更多的名优企业开展校企合作。

一是强化组织领导。政府是主导，组织是保障，强有力的组织机构是发展职业教育的重要基础，是校企深度合作的重要保障。

政府要根据当地实际情况，成立由教育、人社、发改、财政、信息、商务等部门和部分行业协会、企业、职业院校组成的职业教育校企合作促进委员会，负责指导、调控、推进校企合作的进程，推动建立校企合作良性运行机制。

二是加强制度规范。政府制定符合当地的《职业教育发展规划》和《校企合作管理办法》，制定各具针对性的财税、金融、土地、人事等政策和具体的实施方案，使校企合作由低层次向高层次转变、由零星向系统转变。建立教育、发改、财政、人社、农业、扶贫等部门参加的职业教育联席会议制度，统筹协调职业教育工作，研究解决职业教育发展中的重大问题，形成各部门分工协作、齐抓共管职业教育的格局。建立由政府牵头的职业教育工作定期巡视检查制度，把职业教育督导作为教育督导的重要内容。政府通过建立相应的政策法规来调节、规范、推动、促成校企合作。

三是组建职教集团。随着职业教育的深入发展，职业院校单兵作战的时代已经过去，组建职教集团是实现政府、校企联动和优势互补，满足企业发展对技能型人才需求的可行途径。更为重要的是，职教集团将为校企合作长效机制的建立搭建平台。由于职教集团由政府主导，行业和企业参与，在这样的一个平台上，校企合作将会更加紧密，校企之间的联系也更能够推动双方的发展，从而使校企合作的长效机制得到维护和发展。

四是健全评价考核机制。政府的计划、方案和制度等最重要的是要落到实处，在职业院校的实际办学中得以贯彻和落实。为起到激励和促进校企合作的良性运转，政府要成立由相关部门组成的评价考核领导小组，制定校企合作评价考核方案和考评细则，对校企合作单位进行考核奖惩。

## 二、校企开放合作，形成内部交互机制

职业教育的发展是与企业的兴衰息息相关、紧密相连的，企业的快速发展促进了职业教育的进步和繁荣，校企间只有通过全方位、多层次的交互合作，才能形成校企合作的长效机制。

一是建立约束机制，规范校企健康合作。具有长效机制的校企合作不是一方对另一方的施舍、帮助和支持，而是双方共同履行的责任和义务。为此，双方必须受到法律、制度和道德的约束。校企签订具有法律规范的协议，在协议中明确规定双方的权利、义务以及违约的责任。在法律约束的框架下，企业与学校都要完善相应的管理制度，强化制度约束的力度。不仅如此，还要强化道德约束。校企合作双方都要按照合作共赢的原则加强道德教育，使得校企双方在合作过程中符合双方的利益要求、制度要求和道德要求。

二是建立激励机制，促进校企全面合作。建立激励机制的目的在于调动校企双方合作培养高技能型人才的积极性、巩固和发展校企合作的成果。成立由职业院校和企业负责人及有关专家参加的专家委员会，由专家委员会制定专业人才的培养目标，共谋人才培养模式和专业教学计划，充分发挥校企两个优势，共同实施人才培养方案。政府部门要出台政策措施，对在校企合作工作中做出成绩的学校和企业给予政策方面的鼓励或优惠，引导更多的学校和企业走校企合作共同培养人才的道路。社会新闻媒体、社会舆论要对校企合作给予关注，及时宣传报道，形成良好的社会环境。

三是共建情感机制，凝聚校企长期合作。校企合作过程始终是人际交往、感情沟通的过程。特别是企业在培养人才缺乏法律

规定和政策优惠的条件下，推动校企之间合作的动力首先来自于人的情感。构建情感机制，一要加强校企信息的交流和沟通，二要重视相关人员的相互交往，三要经常征求校企合作相关人员的意见，诚恳接受并积极改进校企合作的工作，四要按照以人为本的原则充分尊重与校企合作相关人员的劳动，关心其疾苦，帮助解决他们所遇到的困难和问题，使他们切实感受到自己是学校的一员。

## 三、校企深度融合，共建互惠多赢机制

校企合作的实质是"基于市场规则下的等价交换关系"，职业院校应主动联系企业，为企业提供服务，着力寻找与企业合作的共赢点，建立双方利益共赢区。

### （一）利益驱动，校企通力合作

企业与职业院校都是利益主体。企业最根本的目标是盈利。凡是能够有助于企业合法盈利的行为与合作都会受到企业的欢迎，否则，迟早会被企业拒绝。职业院校要根据企业用人需要适时调整实践教学计划。如"五一"、"十一"、春节长假期间是企业用工的急需期，职业院校要根据企业的用工需求，及时组织相关专业的学生到企业顶岗实习，解决企业人力资源紧张的问题。职业院校要适应企业生产流程需要，实行弹性学制。现代化流水线生产的特点是连续、不间断，学生顶岗操作存在一个由不熟练到熟练的过程。如果学生顶岗操作时间过短，学生熟练了就走，只能给企业带来麻烦而不能带来利益；如果顶岗操作时间长，既可以保证产品质量，又可以为企业节约人力成本。因此，学生顶岗实习时间一般应不少于 3 个月。企业应为实习学生提供多工位锻炼。学生实习时应在不同的工作岗位上得到锻炼，要熟练掌握产品的整个生产流程，不是在一个工位上长期的机械重复。职业学校要接受企业委

托的项目研究与开发，和企业一起进行产品开发和营销策划，等等。企业在校企合作中尝到了甜头，获得了利益，必然强化长期合作的动机与动力。

**（二）创新合作模式，校企长期合作**

目前，校企合作的稳定性不强、合作模式单一、层次定位不准，要实现校企长期合作的稳定性，必须改变以往那种浅表式合作，创新合作模式。

一是校企联合组建办学实体。将学校后勤社会化，双方形成一个新的投资合作实体的模式，校企之间风险共担、利益共享，形成稳定、长期的合作关系。此种校企合作模式需要当地政府的大力支持、学校较好的生源保证、行之有效的合作办学协议。我校从2008年起就开始了此种模式的探索。2009年，学校在老校区与武汉金丰达有限公司合作，该公司投资建设了学生公寓和学生食堂。2011年，学校在新校区建设中与河南大亚投资管理有限公司签订了6000多万元的合作办学协议，该公司建设了实训楼、学生公寓和食堂。公办民助是加快推进职业教育多元投入机制改革的有效途径，学校后勤社会化，让学校成为企业的学校，让企业成为学校的企业，通过合作协议，规范双方合作行为，保障校企合作的稳定开展，防止短期行为和流于形式。

二是校企合作股份办学。校企深度合作应是企业参与学校的某个领域或是学校的整体管理，深入到学校的专业设置、教材建设、课程开发、师资建设、实训基地建设、课题科研、学生就业、财务管理等各个领域。学校可以在某个专业或是在某个班级采取让企业入股的方式先行先试，逐步探索实践，形成经验，再由试点到全面铺开。如我校在2009年与北京飞雨言有限公司采取了企业入股合作的方式建设了美容美发和形象设计两个专业，学校提供基础设施、公修课教师，负责从当地和在校学生中组织生源；企业负责选派专业课教师、投资实训设备和学生就业，校企按照投入份额来确定股份。在学生培养上积极推行“一年在当地学校学习、一年在城市学校学习、一年在企业实习”的人才培养模式，使人才培养对接了用人需求、专业对接了产业。此种模式有效地解决了学校“双师型”教师数量不足、设备匮乏、学生稳定优质就业无保障等问题，减轻了职业学校的办学成本，增强了职业教育的吸引力。

三是校企联办实训基地。学校积极尝试“校门对准厂门、课堂对准岗位，课堂进企业、企业进课堂”这一办学模式，提高了办学效益。2008年，学校与苏州鼎新电子厂联合在学校联办电子电器实训基地，鼎新电子厂投资20多万元在学校建设了一条电子元件生产线，学生利用夜自习和双休日进行实际操作。这种教学模式不仅提高了学生的动手能力，同时也使其获得了可观的生活补贴。2009年，学校与星和钻石厂联办实训基地，企业投资100多万元建立了“罗山县中等职业学校特种技术培训基地”，把车间搬进学校，把企业引入校园，特种技术钻石打磨专业首期招收50多名学生。郭瑞民同志在全省职教攻坚表彰大会上把我校这一“前校后厂、校企合一”的办学模式做了经验介绍。校企共建实训基地使学生足不出校便能接受生产实习锻炼，边学习、边生产、边实践操作，从而实现了工位与学位、课堂与车间的无缝对接。

四是校企联办“冠名班”。这种模式中，学校和企业都是培养人才的主体。企业不仅参与研究和制定培养目标，制订教学计划、教学内容和培养方式，而且参与实施教育和培养任务。如2009年以来，学校在众多合作的企业中，经过实际考察和深入磋商，遴选了东莞市健达照明有限公司、苏扬灯饰有限公司、纬创集团中山公司共建校企“冠名班”，分别招收学员40人。2012年，省教育厅支持建设的中德合作职业教育教学模式项目“中德班”等，学校按德方企业的要求装备现代化的专业实训室，企业参与学校人才培养方案制定，学校选派骨干专业教师到德国培训，使其取得相应的专业教学资质，对学生实施“订单培养”，进行定向培训，最大限度地保证了毕业生能迅速适应企业岗位的需要，同时为企业提供了合适的人才。

**（三）完善保障运行机制**

一要建立校企双方的管理协调机构，负责协调处理校企合作中的有关问题。二要建立相关基础文件。例如《联合办学协议》《“双师型”教师培养计划》《企业技术骨干教师聘任考核办法》等。三要建立新的教学质量监控体系与评价标准。企业必须参与课程标准的制定和质量监控。课程评价标准必须将教育标准、企业标准和行业标准统一起来。

校企合作是一个不断完善的动态发展过程，在建立校企合作的长效机制中，校企均要在政策指引下，从自身出发，从实际出发，不断探索校企合作的新模式、新机制、新途径，才能推动校企长期合作。

# 实施产学研合作教育中的几个关键问题

河南机电高等专科学校　李贵敏

产学研结合的功能表现在两个方面:一是可以加快高等学校知识创新体系建设,提升高等学校的科技创新能力,促进科技成果的转化,提高学校服务于社会的水平;二是可以利用社会特别是企业的教育资源,克服学校教育系统的缺陷,提高人才培养质量。产学研结合,结合是手段、前提,教育是目的。对培养高技能型人才的高等职业教育来说,产学研结合的第二种功能具有更重要的意义。为提高人才培养质量,河南机电高等专科学校从 1997 年开始,依托联合办学,董事会积极探索产学研结合的人才培养路子,实践中我们认识到,实施产学研合作教育需要重点明晰以下几个问题:

## 一、认识到位是前提

认识到位是实施产学研合作教育的前提。产学研合作教育是学校、企业(科研院所)、学生三方的共同行为,对产学研合作教育的认识自然包括学校、企业和学生三方的认识。

认识到位首先要求书记、校长——学校的“一把手”认识到位。“一把手”要从战略的高度来看待这个问题,要认识到产学研合作教育是学校的生命线，不这么办学校便无以立足、无可发展，学校便失去了方向、失去了核心竞争力。认识到位还要求学校全体教职员工更新教育观念，把“用户的需求”作为教育教学的出发点和落脚点，认识到产学研结合是培养高技能型人才的必由之路，从而把学校领导的意图变成自己的自觉行为，克服困难，努力探索实践产学研合作教育。

企业对产学研合作教育的认识是否到位是决定产学研合作教育能否成功，决定能不能建设企业育人环境、能不能确立企业育人主体地位的关键问题。仅仅出于学校和企业关系好、厂长和校长是朋友而互相帮助的动机，从中得益的目的是不够的。因为上述因素都是可变因素，一旦支撑合作教育的某些因素丢失了，这种合作便失去了牢固的基础，产学研合作教育便无法持续下去，更不能健康发展。

企业要认识到企业是两种产品的生产者，一是能为用户提供实用功能的有形产品，二是人才。人才一方面本企业要用，更多的是向社会提供。向社会提供人才同样是企业价值的体现，是企业为国家建设和社会进步做出的贡献。这些人才无论走到哪里都是企业文化的传播者和企业产品的宣传员。企业和学校一样是这些学生的母校，厂长、书记、工程技术人员、工人师傅都是他们的老师。他们即使活到百岁，亦是终生不忘师恩，就是走到天涯海角也会关心企业的发展。当这些人才遍布全国时，好的主意、有用的信息、产品订单就会源源不断地向企业飞来。这样的人才越多越好。企业有了这样的认识，才会把产学研合作教育当成一件大事来抓。

学生是实施产学研合作教育的主体，要做好学生的思想政治工作，使其认识到产学研合作教育利于成才、利于就业，从而积极投身产学研合作教育，安心学习，主动学习。

## 二、合作单位的选择是关键

合作单位的选择是实施产学研合作教育的关键所在,它直接关系到教学方案在企业的落实和人才培养的质量。

实施产学研合作教育对企业的要求与传统意义的校外实习有着根本区别,因此在合作单位的选择中对企业育人环境的要求应十分明确。企业育人环境由三个要素构成:一是工程环境,二是教学环境,三是素质教育环境。

工程环境是产学研合作教育中能满足学生顶岗实习的工程环境。这类工程环境有三个特点:一是它是一个真实的运转正常的工程环境,二是在这个工程环境中具有可以担当顶岗实习指导教师素质的工程技术人员,三是这个工程环境能给学生创造顶岗的主客观条件。

教学环境的功能是保证学生在企业和在学校一样能够正常的学习、生活、活动。正常的生活需要有集体宿舍、食堂(或自己做饭的场所)、卫生间、浴室,正常的学习需要有教室和供学习的桌椅、板凳、照明设备、电视机、计算机等,正常的活动需要有起码的活动场地和简单的文体器械。

素质教育环境是指培养学生综合素质所需要的良好的企业文化、优秀的企业传统以及规范、科学的企业管理等氛围。

在选择合作单位和教学基地的过程中,应遵循以下几个原则:企业有积极性,愿意和学校共育人才;企业生产、技术和管理岗位能满足对学生能力培养的要求;有一支素质较高的技术人员队伍;企业经营形势较好,生产正常,发展前景广阔;一个专业多个基地,结合学生就业情况选择基地;必要的生活条件;董事单位优先考虑;就近选择。基地选择是个系统工程,各种因素需要综合考虑,但企业的积极性、生产技术及管理岗位的完整性、技术人员的素质是关键。

## 三、合作育人是根本

合作是途径、手段，育人才是根本。合作对象确定后，校企双方要在协商的基础上，以协议形式明确双方的权利、义务，并将有关事宜固定下来。

要建立相应的由校企人员共同组成的组织机构，其基本思路应是：组织健全，决策机构、管理机构、执行机构齐备；职责清楚，各种组织的职责任务要十分明确；管理到位，横向到边，纵向到底，合作教育中涉及的各个环节的工作均要有具体的管理者、执行者；要注意选派得力人员参与合作教育工作。

校企要共同参与教育教学方案的设计，设计以学校为主体，充分听取企业的意见。设计要体现如下基本思路：结合企业工程、素质教育环境及企业生产设计教学；循环实习，让学生就在将来主要从事的技术、管理、生产等岗位上分期、分批轮流顶岗实习；部分专业课结合工程实际现场教学；毕业设计在企业进行，学生结合企业生产实际和科技攻关项目选择设计课题，设计由企业技术人员和学校教师共同指导；充分利用企业育人资源培养学生综合素质。

教育教学实施的基本原则：充分利用企业教育资源；校企共同参与实施教育教学；在整体教育教学实施中，学校处于主导地位；教学计划要结合企业生产情况，实施柔性管理；突出教育质量的中心地位；校企双方在教育教学中要注意交流，不断融合；注意引导学生自我管理、自我教育。

## 四、机制建设是保障

促使产学研合作教育正常运转、健康发展的因素很多，但关键因素应该是建立科学和完善的机制。机制是事物运转的机能与形式,产学研合作教育的机制包括动力机制、运行机制和保证机制。

**(一) 动力机制**

动力机制是能够促使和推动产和学两个方面为了教育走到一起并实施合作的机制。

1. 需求动力(互动)

产学研合作教育的需求动力从两个方面产生:一是社会、时代需要产学研合作教育,二是企业和高校自身的需求。有了需求就会产生参与其中的欲望,这种欲望便是产学研合作教育的动力源泉。

2. 利益驱动(互惠)

利益分两种:一是根本利益,二是眼前利益。生存和发展是根本利益。眼前利益就是研究学校和企业现在能从合作教育中得到什么好处。合作教育既促使了社会进步,也提高了校企双方的信誉度和知名度(互利)。

**(二) 运行机制**

运行机制是保证产学研合作教育正常运行的机制。

1. 正确认识(共识)

产学双方都要有正确的认识,认识提高了,行动就会建立在一个正确的、牢靠的基础之上。

2. 主动与被动(双动)

产学研合作教育研究的是教育,学校应始终处于主动地位,要先想,先筹划,先行动,同时还要主动出击,不能被动。企业往往处于被动地位。学校要注意引导,在企业培育一支从事合作教育的骨干力量。

3. 共同参与(一体)

产学研合作教育要想正常运转,产学双方自始至终都要共同参与,形成一个整体。所谓自始至终就是从制定培养目标、制订培养计划开始到教学管理、指导毕业设计、毕业答辩的全过程。

**(三) 保证机制**

保证机制是促使产学研合作教育运行更有效的机制。

1. 机构与人员(组织)

要有合作教育的专门机构,这个机构中要有很精干、高素质的专职工作人员。

2. 考核与评价(激励)

考核与评价除了对合作教育机构和工作人员的考核之外,主要考核、评价合作教育的实施过程、实施成效、人才培养质量。考核之后予以表彰。

3. 友谊桥梁(纽带)

要注意建立校企之间的友谊,要把个人之间的友谊扩大为企业与学校之间的友谊。

4. 成效展示(双赢)

学校应把实施产学研合作教育的成效总结成文字、拍成图片、制成光盘、列成图表集中展示给师生,展示给企业,从而增强学校和企业开展产学研合作教育的信心。

那么怎样建立和完善产学研合作教育的机制?学校要转变观念,树立大教育的思想;要找准位置,树立教育为社会、为经济、为企业服务的意识;要换位思考,处处替对方着想;要加强联络,尊重对方;要舍得投入,舍得下功夫;要不怕困难,百折不挠,善于总结,不断改进。

## 五、政府支持是推动力

改革开放以来,不少高校特别是高等职业技术院校从提高人才的培养质量出发,对实施产学研合作教育进行了程度不同的探索,成绩不小,但深入还不够。学校普遍感觉实施产学研合作教育难度大,难在学校热情有余而企业兴趣不足。《中华人民共和国教育法》《中共中央国务院关于深化教育改革全面推进素质教育的决定》《国务院关于大力推进职业教育改革与发展的决定》等国家法律及党中央、国务院的一些文件对产学研合作教育都有一系列明确的要求,但这些文件往往只是在教育系统内部传达、学习和贯彻。实践中,学校深感产学研合作教育的进一步深化需要全社会的共识,需要政府的指导、统筹、调控以及必要的法律保障。

建议制定《产学研合作教育法》,进一步明确和规范政府、学校、企业在产学研合作教育中的责任和义务;建立各级产学研合作教育委员会加强对合作教育的指导和协调;建议国家制定优惠政策调动合作教育单位的积极性。产学研合作教育中,不仅学校要增加资金投入,参与合作教育的单位也需要有投入,这些都需要政府在学校收费、企业纳税等方面制定相应的政策法规,例如学校可以自主确定收费标准,对产学研结合在资金、人力、设备使用等方面有一定付出的企业,在税收上给以相应的减免,对成绩卓著者予以奖励等。

河南省人民政府已经出台了《河南省人民政府关于创新体制机制进一步加快职业教育发展的若干意见》,制定了《河南省职业教育校企合作促进办法(试行)》,这些政策的制定,能够极大地促进校企合作的顺利进行。政策措施的实施关键在于落实,其中政府的主导、协调作用很重要,可以说,政府的支持是产学研合作教育的巨大推动力。

# 基于特色职业院校建设视域下校企融合的思考

漯河职业技术学院　李五聚

党的十八大提出的“加快发展现代职业教育，推动高等教育内涵式发展”，让“全民受教育程度和创新人才培养水平明显提高，进入人才强国和人力资源强国行列，教育现代化基本实现”的要求，对于现代职业教育具有重要而又深远的意义。这是促进职业院校内涵建设背景下开展校企融合的政治保证和理论基础。《国家中长期教育改革和发展规划纲要(2010～2020年)》《国务院关于支持河南省加快建设中原经济区的指导意见》《河南省人民政府关于创新体制机制进一步加快职业教育发展的若干意见》的颁布，也为职业院校特色化发展下的校企合作提出了具体的要求和制度保证。因此，将校企融合放在特色职业院校建设的大背景下来研究既具有现实意义，也具有战略发展意义。

校企融合应是现代职业教育的办学理念之一。具体地说，职业教育就是要为经济社会发展培养合格的技能型劳动者，其办学方向就是要坚持走校企合作共融的道路。校企合作共融的基础和前提是合作，发展和方向是融合，融合的原则是保持自我的属性不变。由于属性的不同，学校和企业二者的融合具有多因性。

实际上，校企合作在我国的发展历史并不长。20世纪末，上海工程技术大学学习加拿大滑铁卢大学的经验，采用“一年三学期、工学交替”的办学模式进行产学研合作教育试验，拉开了我国具有现代意义的校企合作的帷幕。当时校企合作的目标单一，就是提高职业院校学生的全面素质，适应市场经济发展对人才的需求。

20 世纪 80 年代到 21 世纪初是我国职业教育校企合作的启动阶段。这一阶段主要是企业“配合”的单向性浅层次合作，合作目的的单一性持续存在。《教育部关于加强高职高专教育人才培养工作的意见》(教高〔2000〕2 号)和《国务院关于大力推进职业教育改革与发展的决定》(国发〔2002〕16 号)文件出台后，我国职业教育校企合作进入快速发展阶段，校企合作的目的趋于多样化，企业也开始主动思考从合作中获益。《教育部关于以就业为导向深化高等职业教育改革的若干意见》(教高〔2004〕1 号)、《国务院关于大力发展职业教育的决定》(国发〔2005〕35 号)和《关于全面提高高等职业教育教学质量的若干意见》(教高〔2006〕16 号)文件的出台，有力地推动了职业院校与企业的合作进入到全面深入结合的阶段。这一阶段，在国家政策的引导和指导下，高职院校充分发挥自身的优势，全面推进人才培养模式和教育教学改革，积极寻求行业或企业更多的支持，采取多种形式开展校企合作，并逐步拓展合作领域，取得了较大成功。如漯河职业技术学院从 1999 年起与双汇集团开展合作办学，成立了第一个“双汇连锁店店长”订单班，取得了校企合作的良好实效，2004 年被周济同志称赞为“全国一流”、“是群众的首创”。

2006 年，国家开始实施示范性高职院校建设计划，高职院校认识到“校企合作、工学结合”对高职教育人才培养的重要意义，增强了开展校企合作的意愿，各高职院校纷纷设立专门的校内机构，如校企合作管理办公室、基地拓展管理办公室等，以强化行业或企业在办学中不可或缺的地位。逐步扩大校企合作的领域，已涉及实习实训、专业建设、教育教学改革、师资培养、“订单培养”以及合作研究等方面。在价值取向上也从单纯的学校或学生获益，向校企双赢或学校、企业、学生、社会多赢发展。这一阶段，政府扮演了校企合作的引导者、协调者和推动者的重要角色。

但是，校企合作在实践中仍存在一些突出问题。一是合作的内容比较狭隘。由于现阶段我国高职教育功能基本比较单一，主要着眼于培养高技能型人才，校企合作也主要局限于顶岗实习、共建基地和“订单培养”等方面，合作内容相对简单且不深入，形式也比较单一，尚无从谈起“融合”，离教育部提出的“合作办学、合作育人、合作就业、合作发展”的要求还有较大差距。二是缺乏良好的合作环境。首先，无论政府教育主管部门、学校，还是企业，都对校企合作存在认识偏差。其次，没有充分发挥政府在校企合作中的主导作用，类似德国、瑞典等国家的有关校企合作的法律缺失。最后，学校和企业作为合作的主体，由于各种主客观的原因，不明确合作究竟要做什么、具体应该怎么做，没有很好地从高职教育发展规律和校企双方的真实利益诉求出发进行合作，校企合作成效不高。三是缺乏有效的合作机制。由于校企合作历史不长、经验积累不够、企业获益不明显，大多数学校尚处于“剃头挑子一头热”的尴尬局面。四是缺乏系统的合作规划，校企合作基本上尚处于点状的浅层次的合作初级阶段。五是缺乏必要的利益保障。

鉴于此，对校企深度合作有再认识的必要。一是对高职教育的本质要再认识。高职教育具有素质的基础性、能力的应用性、知识的扩张性、素质能力的适应性、素质和能力的发展性五大特征。在新形势下，这五大特征更多地体现为教学过程的职业性、开放性和实践性三个方面,笔者认为,坚持了这三个方面,就抓住了高职教育的本质,反之则失去或疏离了高职教育的本质。二是对校企融合的实质内涵要再理解。校企融合是相对于校企浅层的合作而言。校企之间的合作不仅是“结果”的合作,更是“过程”的合作,校企双方是一种积极互利的关系。校企融合一方面能拉长校企合作的链条,另一方面可以扩大校企合作的层面,使双方触点增多,交集扩大,依赖性增强,合作程度加深,学校、企业、学生、社会多方互利多赢。

新形势下,校企合作面临良好的机遇。其一,在国家加快经济发展方式转变的大背景下,各级政府越来越重视高职教育的发展,越来越重视高素质技能型人才的培养,越来越重视推进校企合作。比如河南省近年来就不断重拳发力职业教育:2009年提出了职业教育攻坚计划;2010年出台《河南省中长期教育改革和发展规划纲要(2010～2020年)》,提出“大力发展职业教育,把职业教育摆在更加突出的位置”;2010年,河南省还争取成为了国家职业教育改革试验区;2012年,河南省同教育部签署了加快河南教育发展推进中原经济区建设战略合作协议,提出“要构建现代职业教育体系,提高高等学校办学水平和服务能力,推动教育实现新的跨越式发展”;2012年,河南省出台了《河南省人民政府关于创新机制加快职业教育发展的若干意见》,提出要“实施河南省职业教育示范院校和特色院校建设三年行动计划,加快职业教育创新发展步伐”。河南省对职业教育的重视仅是全国的缩影。其二,经过最近几年职业教育的快速发展与规模扩张之后,我国高职院校的发展重心逐步转到内涵建设和质量提升上来,开始从发展战略的角度谋划校企合作,校企合作进入到机制合作的高度。可以说,高职教育内涵建设的主线是工学融合,重点是专业建设。目前许多高职院校确立的专业建设的目标就是培养具备企业岗位所需要的职业技能和职业素养，这些高职院校主动依据地方产业人才需求进行统筹规划，坚持按照企业岗位要求和高技能型人才培养的逻辑主线系统设计专业培养方案。其三，遭遇国际金融危机的冲击后，我国原有经济发展方式的弊端日益凸显，国家正在大力调整产业结构，加快转变经济发展方式，人们已经越来越意识到企业间的竞争归根到底是人才——人力资本的竞争，校企合作培养人才成为企业的战略选择。企业对直接从事生产、建设、管理和服务第一线的高素质应用及技能型人才的需要显得极为迫切。

2011 年 11 月，在浙江金华召开的全国高等职业教育改革与发展研讨会提出，提高教育教学质量是我国高职教育的核心，坚持以“合作办学、合作育人、合作就业、合作发展”为主线，不断深化高职教育教学改革，进一步推进体制机制创新，努力建设中国特色现代高职教育。“四合作”理念深刻揭示了高职教育服务经济社会发展的内在本质，以及高职人才培养的针对性、灵活性和开放性。进一步对“四合作”进行解读，不难发现它对密切未来校企之间深度合作关系、引领校企融合路径的策略导向。首先，以“合作办学”为机制，吸引企业参与人才培养的全过程。其次，以“合作育人”为模式，使校企深度合作在人才培养的实施层面落地生根。再次，以“合作就业”为目标，提升校企融合的社会效益。最后，以“合作发展”为目的，实现双赢或多赢，促进社会发展进步。

其实，从“规模扩张”到“内涵建设”，这也是职业院校化解矛盾的一个过程。对于处于“转型期”的高职院校，应以和谐发展为主线，以质量求生存，以特色促发展，着力锤炼高职特色，打造专业特色，彰显人本特色，培育文化底蕴。具体做法如下：

一要坚持校企紧密合作，创新校企共同育人机制，着力锤炼高职特色。高职教育是跨界的教育,高技能应用型人才培养的目的决定了其鲜明的职业特征,其基本要求即以职业能力培养为主线构建课程体系,这就需要学校主动走出校门,积极与企业合作,让企业参与到教学过程的各个环节,如在课程设置、实训基地建设、教材内容、师资队伍建设、教学方式、考核方式等方面寻求行业、企业的参与和支持。

二要立足区域产业经济发展特点,创新人才培养模式,着力打造专业特色。专业建设要科学规划、系统规划,以服务区域经济为目的,紧紧围绕区域产业结构调整和发展转变。准确预测市场对高技能型人才的需求,要有前瞻性,必须跑在区域经济社会发展需求的前面。专业建设的重中之重是课程建设,做好课程建设要坚持职业导向的课程开发理念,与行业、企业进行工学融合,学习国外先进的职业教育理论,将企业典型的工作任务引入课程,使学生在任务引领、项目驱动等职业实践中成长。

三要贯彻育人为本、德育为先的方针,努力完善师生成长成才环境,提高师生综合素质,着力彰显人本特色。要努力为学生营造一个符合职业成长要求的学习环境,使学生在工学结合的培养过程中,掌握知识,提高技能。对不同专业的老师,要结合职业发展需求有针对性地培养。同时,地方所属高职院校要充分利用自身优势,依靠地方政府支持,结合特色专业建设规划,多联系行业、企业的专家能手,有计划地聘任兼职教师。对兼职教师的管理要坚持制度化、长效化,给予其适当的优厚条件,激发其从事职业教育的积极性。专、兼职教师要共同参与整个教学过程,包括教材编写、实训基地建设、职工培训、应用型技术和产品开发项目等,充分发挥专、兼职教师各自的优势,使其在合作中取长补短。同时,高职院校可以以此为平台,积极参与到行业或企业生产过程及科研项目之中，实现学校与企业双赢、多赢，切实提高人才培养的质量和效率。

四要充分挖掘历史积淀，大力弘扬科学精神、创新精神、创业精神，加强校企文化融通，着力培育文化特色。高职院校不同于普通高校与中等职业学校，其目标是培养高技能应用型人才。校园文化建设要积极引入优秀企业文化，让学生在校内也同样能够感受、体验职业氛围和企业文化，从而培养学生的职业价值观和职业素养。

总之，高职院校必须瞄紧地方经济社会的生长点，与其相伴而生、共同发展，形成鲜明的带有地方经济社会与文化特质的办学特色，成为地方经济社会发展与产业升级的助推器，这既是高职院校的魅力，也是高职院校发展的必然选择。

# 校企合作加快河南省职业教育发展的对策

河南工业贸易职业学院　李杰虎

随着新技术以及不同职业特色的发展,企业对各类职业技术人才的需求不断增大。但培养人才在经济上需要投入,时间上有周期限制,出于经济利益的考虑,企业直接参与职业教育的意愿并不强。目前,校企合作仍然面临着许多问题,如政府有关的鼓励政策不到位,企业和学校的深层次合作缺乏积极性;教育体制僵硬,政府对各职业院校限制行为过多,大学的办学模式选择受到多方面的限制,无法真正适应市场需要实现独立自主办学;学校与企业的合作对责权利的界定不明确等。

职业教育要得到长足健康的发展,关键是要抓好校企合作。作为一个农业及人口大省,如何抓好校企合作,推进职业教育全面发展,为产业经济输送大批高素质的技能型、应用型人才,是一个值得研究的问题。我们通过多方面调查、论证,特提出相关对策和建议。

## 一、政府要在法律法规、政策导向上下功夫

### (一) 加强政府的宏观调控职能

由于职业教育的地域性以及它与当地经济的密切性,中央对

职业教育应由直接管理转为依法办事和采用政策引导、质量评估等手段进行宏观调控。为此,中央与省政府应明确职责,为促进高等职业教育更好地服务于当地经济建设,应逐步扩大高职院校在办学、招生、专业设置、学籍管理、课程开发、教师聘任、教材选用等方面的权利,充分落实我省高职院校的办学自主权。省政府应加强对职业院校和企业的宏观管理,除继续承担制定政策、提供经费、协调关系、制定标准等责任外,同时也要关心职业教育所面对的各种宏观和微观问题。根据各地财力状况,积极倡导地、市、县各级政府出台地方性政策,加大对职业教育的扶持、投资力度。

此外,各地教育职能部门在职权范围内应适当调整普通高等教育与高等职业教育在公共教育经费方面的分配结构,切实有效地提供较为公平的教育财政政策;并对职业院校适时采取各种奖励、倾斜政策,以促进职业院校的健康发展。

**(二)明确界定校企合作中的责权利**

为了充分发挥法律服务于教育和经济的功能性作用,使职业教育相关政策法规对企业参与职业教育不仅具有约束力,更要具有驱动力。建议政府对行业、企业参与职业教育进一步明确指导性的方针、原则和可操作性的政策法规、实施细则,并对校企双方在深层次合作中的责权利明确界定。我国现有的《中华人民共和国教育法》《中华人民共和国职业教育法》《中华人民共和国高等教育法》《中华人民共和国就业促进法》等法律涉及职业教育的内容大多是原则性、目标性的理论条文。为了提高职业教育的地位,使职业教育获得全面而富有权威性的法律保障,可以考虑把职业教育的性质、任务、管理职责、办学、培养目标等通过法律形式加以明确;制定并完善职业资格标准、就业标准及实施细则,切实建立一套与现有市场经济环境相适应的现代职业教育制度体系。同时,建议制定《校企合作教育法》来指导学校与企业的合作,进一步明确和规范政府、学校、企业在校企合作中的责任和义务。

**(三) 充分调动企业参与校企合作的积极性**

据调查,由于校企合作在法律制度上的缺失,许多参与校企合作的企业缺乏“社会公民”意识,社会责任感不强。而有意愿与学校合作的企业,相当一部分是从企业利益出发,愿意接收实习生的主要目的是试图降低用工成本。因此,势必导致工学结合“剃头挑子一头热”的学校单方面推动现象。职业院校期待政府能够赋予企业更多参与工学结合的社会与法律责任,而职业院校为企业输送高素质的技能型人才正是对企业、社会最好的回报。

由于我国并没有出台支持企业参与职业教育的具体优惠政策,为了激发行业、企业及社会各中介机构参与职业教育的积极性,需要政府根据我省区域经济的不同特点,解放思想,在管理体制、办学模式、管理方式等方面大胆尝试,制定一套灵活多样的干预和引导政策,充分体现校企双方共同利益的长效激励机制。校企合作不仅需要学校增加资金投入,也需要参与合作的企业投入,更需要政府为职业院校松绑,授予其独立的办学自主权,在学校收费、企业纳税等方面制定相应的政策法规。具体体现在以下五个方面:一是对校企合作在资金、人力、设备使用等方面有一定付出的企业,政府在税收上按照接收实习学生的数量给予相应的税收减免,对成绩突出的企业予以表彰奖励,以提升企业联合办学的知名度;二是向职业院校提供实习场所、经营收入部分归学校所有的企业,按照有关政策规定,企业所获得的收入应免征营业税;三是出台鼓励企业向学校提供就业实习基地、实训设施及设备,减免一定税收的政策,或者可以借鉴德国校企合作返税方式、由政府公共财政予以“实报实销”的经验,建立职业教育返税制度试点,以减轻企业、学校和学生个人的负担，让企业既乐于也有能力参与校企合作；四是职业院校聘请企业的中高级技能型人才以及学校聘用的特岗教师兼职授课，各级财政应按照一定标准给予外聘教师适当补助；五是改革创新教育职能部门的管理模式，对职业院校的财政经费拨付标准由过去按照核编的教师、招收的学生数量（进口）指标改为按照输送毕业生的质量（出口）、学生就业率、学校为社会提供熟练技术工人的数量等标准来确定经费支持。

**（四）建立健全顶岗实习风险保障制度**

一方面，由于顶岗实习学生是企业非劳动关系人员，无法享受工伤保险、医疗保险等社会保障。学生在顶岗实习过程中人身或财产安全受到侵害时，必然要求职业院校与企业承担相应的经济风险与责任赔偿；另一方面，学生在顶岗实习中经常出现较高的流失率与违约率，这不仅给职业院校带来不可估量的信用风险，直接影响校企合作关系，还会导致学生顶岗实习质量下降，甚至波及院校的社会声誉。因此，针对我省许多职业院校学生缺乏实习风险保障机制，在实习期间处于“裸实习”状态，当务之急是导入政府行为，赋予教育、劳动和社会保障等政府职能部门一定的法律责任，并形成合力。只有这样，职业院校才敢真正放开手脚全面推行工学结合、校企合作。

建议政府尽快制定顶岗实习风险保障制度的强制实施办法。一方面可与财政部门沟通协调好，建立和完善职业院校投保学生实习责任保险的经费补贴制度；同时要求各职业院校根据自身专业设置、教学安排等实际情况，给顶岗实习的学生投保一年或半年的实习责任保险，费用可从职业院校的学费中列支，也可与企业达成协议，由企业支付并将保险费用据实从企业成本（费用）中列支。另一方面敦促劳动监察部门抽查部分企业，要求只能接收具有实习责任保障的学生顶岗实习。

同时,尽快建立起教育职能部门对校企双方深度合作的考评、监督、控制机制,让企业切实感受到通过参与职业教育能获得免税、奖励等利益;坚决杜绝校企合作停留在表面、评估结束仍然“两张皮”的现象,强化社会监督职能,定期公开合作效果好、办学质量高的学校和企业名单,通过优胜劣汰促进校企合作的资源整合,切实将政府的优惠鼓励政策落到实处。

## 二、职业院校应抓好校企合作,促进产、学、教深层次合作

当前,许多大学生就业难的一个重要原因是高校人才培养模式与市场需要脱节,部分毕业生具备的知识和能力与用人单位的实际需要不相符。因此,加强校企合作,让高校和用人单位在育人和用人环节上实现对接,是解决大学生就业难的重要途径。近几年来,职业教育在积极探索工学结合、校企合作的办学模式的变革中,校企合作的内涵与外延都发生了深刻变化,借助校企合作构建职业院校创业就业教育的新体系,对提高职业教育的办学质量至关重要。目前国内许多高职院校已经探索出不少成功经验,值得在我省大力推广与尝试。

### (一) 校内实训基地建设要借鉴“教学工厂”理念,实行产业化运作模式

20 世纪 80 年代,林靖东同志在对德国“双元制”理论的研究基础上,结合自己多年从事职业和工艺教育的实践,提出了“教学工厂”(或教学企业,简称 NYP)的全新教学模式。这种教学模式迅速被各理工学院、工艺教育学院广泛采用,不仅推动了新加坡高等职业技术教育的跨越式发展,而且迅速“出炉”了一大批产业升级的技能型人才。据《中国教育报》报道,温州职业技术学院敢为

人先，自 2006 年就发起了一场“捣墙运动”，一堵堵标准的教室墙壁被捣掉，教学楼建成了一个个生产性实训基地，全院 30 多个专业先后都与企业建立了紧密合作的“教学工厂”。捣墙后，该院的实训基地引进了多家企业，开始生产运作。与此前仿真实训不同，学生所接触的都是“真刀真枪”的实训内容，顶岗学生在“实战”中提高了技能，学到了真本领。

随着“捣墙运动”的深入，学院的实践教学课时比例从原先的 45％增加到 56％，加深了校企合作的力度。据介绍，校企双方共同出资，学院将场地和设备提供给企业使用，企业派驻项目组的技术人员及员工负责生产，并承担合作基地所有设备的运行、保养及维修等费用，无偿地为学院提供生产性的实训指导和所需的材料消耗；学校也成为许多企业的“文化传播营”“人才储备库”“新产品研发中心”，真正实现了学校与企业共同培养高技能型人才的目的。

企业派驻项目组的技术人员与教学老师相融合，在项目生产实施过程中，技师、教师、学生紧密配合，携手共同解决企业经常面对的成本、质量及产品性能等难题，这有利于教师及时了解企业的前沿技术，提升教师自身的技能操作和科研能力。“教学工厂”办活了，也从根本上解决了许多职业院校的专业教师动手技能差、培养出的学生岗位适应能力差的“短板”问题。可以预见，未来的“教学工厂”不仅能快速培养一大批产业升级的技能型人才，在企业的助推下，还能开发出一系列换代产品，引领一大批中小企业实现产业升级。

**（二）依靠职教集团联合办学优势，加强专业设置和课程体系的创新建设**

受全球金融危机的影响，职业教育担当着安置就业和再就业、创建和谐稳定社会的桥梁角色。各职业院校就要进一步调整人才培养目标和标准,在专业设置、课程体系、教学内容等方面必须贴近市场及经济发展的前沿,与时俱进,提升整体办学水平,才能主动适应产业升级的变革需要,充分发挥职业教育服务于经济的功能。如果仅仅依靠个体的职业院校更新专业建设、教学内容和教学设施来迎合产业需要,不仅难以满足经济的发展,也会带来教学资源的浪费,提高办学成本。为此,由政府引导,发挥各职业院校及企业的办学投资优势,通过建立一整套以职业能力体系和考核标准为重点的专业设置方案,是改革学科型职业教育和解决学生就业问题的当务之急。

我省中职与高职的教育课程体系改革应加快步伐,重点突出专业设置的职业定向性,以职业能力作为配置课程的基础,注重知识和技能的综合运用。基础理论应以必需、够用为度,尤其要强化实训课程和综合素质课程的教育,加强对学生"上学如上班、上课如上岗"的职业意识、职业行为的养成教育。需要强调的是,在对学生开展校内专业实训过程中,围绕综合职业素质要求,应打破院系各专业及实训基地"各自为政"的管理限制,可按照学生的就业岗位兴趣适当交叉轮岗进行实训,以适应学生将来就业和变换职业的需要。如武汉商业服务学院借助武汉武商量贩连锁有限公司的资源优势在校内建立实训超市,就是按照企业真实的环境、设施布局、流程与运作、经营目标建设的实训基地,员工全部由来自于营销与策划、会计、商务管理等不同专业的学生担任,实训指导教师担任超市经理,企业派驻有经验的骨干员工做技术指导,超市面向全校师生和周边居民营业。依靠这种合作模式,武汉商业服务学院已与100余家企业开展了校企合作项目,聘请安排了全院不同专业的学生实习上岗,也营造了不同专业的学生互帮互学的氛围，提高了学生的综合素质能力，为其步入社会平稳创业、就业奠定了坚实的基础。

**（三）以多层次合作为基础，积极创办校外实训基地**

由于校外实训基地的运营过程一般由企业技术骨干作为兼职教师共同参与，以指导学生的理论与技能学习，不仅能减轻校内实训基地在教学安排上的压力，弥补校内实训设备、场所和功能的不足，还为学生提供了更真实的实训场景，因此，建设校外实训基地十分必要。但是在实际运作时，也暴露出诸多问题。许多职业院校开展的"2＋1"工学结合或顶岗实习过程中，往往把前两年的理论学习和最后一年的顶岗实习割裂开，实训、教学"两张皮"，校企双方缺乏有效的沟通磨合，理论学习和顶岗实习难以有效衔接，致使学生最后一年顶岗实习"放羊"现象比较普遍，使学生感到学非所用。更有一些企业对顶岗实习的学生与实习员工不能同工同酬，管理与疏导教育缺失，大量学生被迫毁约，离开实习基地。

因此，为了提高校外实训的实效性，深圳宝安职业技术学校在政府的大力支持下，自 2006 年起，独创了"把学校搬到企业、把课堂设在车间""建设企业校区、打造没有围墙的校园"的"宝安模式"。与"2＋1"模式有着本质不同的是，"工学结合、六层推进"模式是把最后一年的顶岗实习分解为职业体验、专业实习和顶岗实习三个不同的层次，在三年学习中交替进行，层层推进，使学生在实战环境和校园中来回得到"磨"和"练"。按照校企合作协议，企业负责提供实习场地，由宝安职业技术学校负责改建为符合教学要求的标准教室、实训室、教师办公室、阅览室等，各种教学设备、设施全部由校方负责购置；校企双方联合成立管理办公室，学校派出专门的管理队伍常驻企业校区，负责教育教学管理工作；企业抽调高素质的技术人员担任实习老师，协助校方开展实训教学。这种合作模式的成功还在于它是建立在法律的框架下,企业应严格遵守国家相关的劳动法规,给予学生同工同酬的待遇。

目前,伴随着宝安职业技术学校"企业校区"在中职学校的推广,国内不少高职院校也在不断完善校外实训基地建设模式。如金华职业技术学院提出了"校内基地生产化、校外基地教学化"的"两化"理论。学生在"两化"基地中,通过仿真实训、顶岗实习、工学交替等多种方式,逐步强化操作技能,在教学组织上,学生分成项目团队,由公司技术人员带领参与实际项目运作,部分理论课程结合项目实际,改造成项目课程。由双方教师组织教学,从而实现了教学与训练、训练与生产的有机结合。不仅培养了学生良好的就业能力,而且造就了大批"双师型"教师,使学校步入良性循环的发展状态。

为了从根本上解决实训、教学"两张皮"的现象,促进校企合作走向更深层次,该校还从组织架构等管理体制上创新改革。2008年,学院撤销系级建制,逐步完善与行业、企业管理相融合的组织架构,建立项目部、工作室等教学实训一体化实体机构,并代表学院以独立的法人资格开展服务业务,统筹组织教学科研、技术服务以及社会培训,将校内、校外基地纳入项目部或工作室管理,专任教师和企业的兼职教师按学科专业背景进入相应的工作室或项目部等,并以此为契机全面推动了学校的各项教育教学改革。

目前,政府正全面推行对中职学生的免费教育政策,相比之下,就读高职院校的学费高,这吸引许多学生涌向了中职学校。为此,高职院校如何深化校企合作,探索"零学费入学""顶岗实习挣学费"的创新教育模式也是保证生源数量、提高生源质量的有效途径。鉴于我省不少职业院校经费紧张,创办实习基地困难重重,也可以采取集资、多元化参股的办学形式,创办实习集团或综合性的实习基地，辐射各高职、中职院校，对进入实习期的学生进行统一集中培训，以提升实习基地的整体社会效益。

纵观许多工业化国家经济发展的腾飞阶段，在经济结构转型和快速发展阶段，都有一个完善而充满活力的职业教育体系做支撑。职业教育作为现代教育事业的一个重要组成部分，被视为经济腾飞的“秘密武器”和“工业现代化的基石”。目前我省正处在产业结构调整、生产方式转型的关键时刻，职业教育只有加快转变办学理念，在办学模式、运行机制和教学实施过程中更多地融入区域产业、行业、企业、职业等要素，大力推进校企合作和工学结合，才能全面实现我省职业教育的跨越式发展。

# 校企长效合作的模式研究

河南省商务学校　张士平

《国家中长期教育改革和发展规划纲要(2010～2020年)》中明确地将“校企合作、产教结合”作为职业教育的办学模式,但当前的校企合作仍然表现出“学校热、企业冷”的不均衡情况,校企双方合作的长效机制亟待建立,合作的质量和水平仍需提高,国家在此领域也需要出台政策予以规范、引导和扶持。因此,要想全面推动校企合作长效机制的建立,使校企合作达到学校、企业、社会、学生多方共赢的结果,就必须明确政府、学校、行业协会和企业在校企合作中的地位和作用,深入了解企业参与校企合作的动力与阻力,界定校企合作中双方的权利和义务,制定科学合理的利益激励对策,这样才能有利于完善以政府为主导、以企业为主体、以职业院校为基础、学校教育与企业培训紧密联系的技术技能型人才培养培训体系。

## 一、政府、学校和企业在校企合作中的地位和作用

### (一) 政府为主导,出台相应的政策给予引导和扶持

政府应该完善企业参与职业教育的法律法规,用法律的形式体现国家意志,在法规中明确企业、学校在人才培养中的主体地

位,确定企业参与职业教育的法定职责,明确企业在校企合作中的利益与义务,对于积极参与的企业给予一系列的优惠政策,对于逃避职业教育责任的企业给予必要的法律惩罚措施。政府要通过一系列的经济措施,完善对职业教育的资金投入,建立国家、企业、社会和个人分摊职业教育成本的投资体系,以减少企业的资金压力,同时对承担了职业教育责任的企业给予财政补贴返还。

政府要做好企业的社会责任感教育,使他们能积极回馈社会,承担起职业教育的责任。一方面,通过媒体宣传企业参与职业教育的重要意义,引导企业从人力资源开发和储备、时代要求、社会责任、企业战略发展的高度出发,提高企业参与职业教育的自觉性和责任感;另一方面,对积极参与职业教育的企业进行定期表彰评选,组织宣传参与职业教育企业的成功经验、做法和受益情况,提高企业的知名度,引导更多的企业积极参与到职业教育中来。

**(二)企业为主体,提高认识,积极行动,主动参与职业教育**

企业作为校企合作的主体,具有推动职业教育发展的先天优势,也可以从职业教育的发展中得到素质优良、忠诚度高的员工,因此需要提高对校企合作的认识,克服短视行为,提高社会责任感,积极主动地参与到职业教育的发展建设中。企业参与职业教育校企合作的优势主要表现在:良好的信息优势、雄厚的技术优势、先进完善的设备优势、浓郁的企业文化氛围。

企业要发展,不但要靠规范的管理、先进的设备、严谨的生产和服务标准,更要靠人才和技术的支撑。通过参与职业教育,企业可以从中受益并得到发展的巨大推动力,主要体现在:能从中得到人才、智力与技术的支撑,推广企业形象,得到政府优惠政策。

国家重视调动企业参与职业教育的积极性,出台了一系列优惠政策。如国务院指令财政部、税务总局制定优惠政策,对接收学生实习实训和教师实践的企业、校企合作企业、职业学校引进企业、职业学校合股自办企业等不同层面的税收政策实行倾斜优惠。各地政府也都结合实际出台了相应的优惠政策。

**(三)学校为基础,增强实力,加强沟通,吸引企业参与**

职业院校作为职业教育的办学主体,要想更好地开展校企合作,拓宽发展渠道,就应该切实了解企业的具体需要,研究并解决企业在参与职业教育过程中急需解决的问题,在合作中以诚相待,才能建立双方长期稳固的合作关系。具体相关措施包括分析企业的人才与技术需求,寻求企业的利益切入点;进行全方位合作,为企业提供技术服务和智力支持;全面提升学校的综合实力,增强对企业的吸引力;完善弹性学制,让教学管理更适应校企合作的开展;根据自身发展、人才培养、专业建设的需要,认真选择合作企业;加强沟通交流,密切校企关系。

沟通是合作的桥梁,良好顺畅的沟通渠道可以保障校企合作的顺利进行。一要建立校企沟通机制,通过校企高层领导人之间互访、中层管理之间互动、教师与技术人员之间互帮,加强感情,增进校企双方互信;二要加强信息反馈和情况通报,将学校毕业生情况、重大事件、重要政策调整等信息及时向企业发布,同时关注企业的发展变化,并及时给予信息回应,增强他们对学校的认同感,为推进校企深度合作奠定基础。

## 二、校企合作的模式

河南省商务学校非常重视校企合作,将它视为创新教学模式、实现技术技能型人才培养目标、提升教育教学质量、促进学校科学、可持续发展的有效途径。一方面通过不断苦练“内功”,即办出学校特色、提升管理水平、提高教育教学质量、增强学生综合素质、树立良好社会形象来吸引企业参与学校办学;另一方面主动出击,寻求信誉良好、发展前景广阔、与学校专业对接的企业作为合作伙伴。在合作过程中,学校坚持学校、企业、学生、社会多方共赢的原则,与企业根据不同的需求,实行了不同的合作模式,并最终通过合作,实现了优势互补、共同发展,达到了学校、企业、学生三方共赢的结果。

**(一)专业共建模式**

商务学校与郑州风铃公司的合作模式为"专业共建模式",即校企双方共建美容美体专业实训基地,专业教师由企业担任,合格学生由风铃公司全部接收。

1. 共担课程,共育人才

在专业教学上,风铃公司承担专业技能课程,并将企业文化在专业教学中进行贯彻。商务学校则在基础文化知识的积累、综合素质的提高、职业道德的培养、可持续发展能力和学生管理方面发挥优势。这样集中校企双方之长,就培养出具有"商务、风铃"特色、技能过硬、素质全面、纪律严明、岗位忠诚度高的美容美体专业学生。

2. 资助学习,保障就业

风铃公司向美容与形象设计专业学生提供奖学金和生活补助,而学业合格的学生则由风铃公司全部接收。

3. 共建实训基地

本着学校出场地、企业出资金、设施一流、校企共享的原则,由商务学校提供场地,风铃公司出资 262.87 万元,共建了 600 平方米的美容美体实训基地,并捐赠仪器设备 323 万元。

4. 共享现代教育技术

依托商务学校是河南省中职教师现代教育技术培训基地的优

势,为风铃的专业课教师提供现代教育技术能力培训,引导他们不断改进教学方法、提高教学技术。

5. 共同努力,不断优化美容美体专业的教学管理工作

一是共同编制适应未来发展需要的专业教学标准和教学计划;二是共同开发编写专业校本教材;三是依托商务学校,加强对风铃公司在职员工的培训,提高在职员工的技能水平和学历层次,进而提高员工的整体素质。

6. 工学交替,产教结合

该专业学生每学年在学校学习半年文化知识和专业技能,到企业进行半年实践锻炼,这样学生在学习中就更有方向性和针对性。学校和企业还准备依托美容实训基地创办教学和经营功能兼备的实体店,一可以满足学生实训需求,二可以开展经营,增加收入,降低联办专业的成本。

7. 积极争取共同申办美容美体专业技能鉴定站

这为该专业学生考取资格证书提供了方便,同时,也为在职职工考证提供了方便。

8. 以真诚为基础,共享资源

学校与企业以真诚为基础,深度合作,共享各种资源。如学校利用军训教官和场地为风铃公司的员工提供军训和拓展训练服务,风铃公司也为学校教职工提供各种便利。

**(二)"订单培养"模式**

学校接受企业申请,为其"订单式"培养急需人才。如与苏州友达股份有限公司的合作:

1. 建立"冠名班"

在河南省商务学校成立"友达班",按照友达的人才使用标准设置课程,由学校负责基础课教学和日常管理,友达光电为"友达

班”配备专业课教师，每年为学校提供奖学金、奖教金，以表彰学习成绩优秀的学生和教学效果良好的教师。

2. 建立校内实训基地

2012 年，经双方商定，由商务学校提供场地，友达公司提供了价值 200 万元的设备，建立了“友达班”实训室，严格按企业的工作流程进行实训。双方还将投入更多资金和设备，计划将“友达班”实训室发展成为友达公司的“第二车间”，实现教学与生产经营相结合，一可以满足学生实训需求，二可以为公司河南地区新员工的岗前培训提供方便，三可以开展生产经营。

3. 到企业顶岗实习

两年的校内学习完成后，“友达班”的学生第三年全部到企业进行为期一年的顶岗实习。实习期间合格的学生毕业后直接在企业就业。

**（三）职教集团合作模式**

2009 年 1 月，经省教育厅批准，以河南省商务学校为龙头，以商贸类专业为纽带，由 28 家城乡职业学校和行业协会、科研院所、企业等成员单位自愿参加的河南商贸职业教育集团正式成立。集团按照“资源共享、合作共赢、真诚合作、共谋发展”的原则运作，对校校、校企之间的全方位合作进行了积极探索，取得了可喜的成绩，实现了集团内的资源共享、优势互补。

1. 在企业建立实训基地

利用集团内合作企业，建立了郑州贸易中心栈、豫棉集团、商城饭店、三江华宇物流公司、北京白家大院餐饮有限公司、黄河迎宾馆、无锡健鼎等一大批实训基地，通过学生到企业顶岗实习、教师到企业进行实践、企业人员担任实训指导教师等方式，加快了学校的“双师型”教师队伍建设，增强了学生的职业和岗位适应力。

2. 实行“订单培养”,签订实习就业协议

按照集团内企业的人才需求标准进行“订单式”培养,合格的毕业生由企业全部接收,实现了学校培养目标与企业需求的无缝对接,也使学生的就业有了保障。

**(四) 校企一体模式**

依托专业办产业,办好产业促专业。职业教育发展的方向,必然是与市场紧密结合。专业设置瞄准市场需求,专业教学与企业岗位技能要求对接,专业发展与企业生产相结合。

1. 依托专业办产业

我校依托数控专业建立了数控教工中心,依托电子商务专业为全省供销社系统企业提供电子商务平台。

2. 办好产业促专业

校办产业在发展中有着强大的技术和人才优势,因此在市场竞争中有着强大的竞争力。校办产业既为学生提供了实训条件,又降低了教学成本,并为专业发展提供了资金。

# 校企合作、工学结合人才培养模式的探索

## ——以许昌职业技术学院为例

许昌职业技术学院　陈东领

许昌职业技术学院是经河南省人民政府批准、国家教育部备案的一所公办全日制普通高等专科学院，是在原许昌教育学院、许昌财税学院、许昌机电工程学院、许昌师范学院的基础上，于2001年4月合并组建的。2002年成立学院领导班子。2008年2月被省教育厅确定为河南省示范性高等职业院校建设单位，12月顺利通过人才培养工作评估。2009年2月被省教育厅批准试办示范性软件职业技术学院。许昌职业技术学院现下设八系两部一院，即财贸经济系、信息工程系、机电工程系、人文系、艺术系、外语系、规划建筑工程系、园林园艺系、五年制部、成人教育部和软件学院。多年来，为了提高学生的专业实践技能、更好地培养高技能型实用人才，学院积极加强专业改革和课程改革，深入企业广泛调研，根据社会和企业的需要设计办学层次、专业设置、教学方案和培养计划，使培养出的人才在知识、能力和素质方面更好地满足社会和企业发展的需要，真正做到培养的人才学有所用，走出了一条校企合作的发展之路。

## 一、校企合作的经历

许昌职业技术学院紧扣地方经济社会发展,坚持开门办学的理念,主动走出校门,以校企合作为核心营造良好的育人环境。依据《河南省人民政府关于实施职业教育攻坚计划的决定》(豫政〔2008〕64号)、《河南省人民政府关于加强推进职业教育攻坚工作的若干意见》(豫政〔2010〕1号)等文件,以创建省级示范学校为抓手,深入开展教学、管理、服务改革,针对河南省产业布局尤其是许昌地区物流服务、制造装备、电子电力、食品、烟草、园林园艺产业集聚区的产业特点,主动融入区域经济社会发展,以许昌职业技术学院合作办学理事会为纽带,全方位"引企入教",携手行业、企业共建示范。坚持走工学结合的高职教育之路,继续探索"专业+公司"型、"承揽加工"型、"生产研发"型实训基地建设模式。逐步形成了"政府主导、行业指导、企业参与、校企一体、资源共享、互动共赢"的合作办学模式。

重点面向现代物流服务业、高新技术产业、建筑业、园林花卉和先进制造业的高素质高技能型人才培养基地,建成在办学实力、管理水平、办学效益和辐射带动能力等方面居于省内领先水平的地方高等职业院校。

学院每年定期安排教师到合作企业挂职顶岗、合作开发项目以及联合申报省、市科研课题,在强化教师的实践技能的同时,提高了专业教师的双师素质,并主动承担了为企业培训职工、为社会转化剩余劳动力的任务,实现了互利互赢。积极引导行业、企业参与项目建设,聘请行业、企业技术专家,充分发挥他们在生产管理、人员管理、设施设备管理和资源管理等方面的经验与专长。

学院完善"四二"育人模式("四"即政、校、行、企四位一体,合作办学、合作育人、合作就业；“二”即“二全”，全过程、全方位实施工学结合、校企合作），与行业、企业开展紧密合作，建成物流管理、汽车检测与维修技术、机电一体化、园林园艺等特色专业，新增合作企业16个，合作企业投入设备新增600万元，学院为合作企业科技开发与技术服务经费新增9万元。2009～2010学年，合作企业接收实习实训学生21192人，2010年接收就业学生761人，均超过预期目标。

学院已成为物流技能培训基地、许昌市农村劳动力转移培训定点机构、继续教育培训基地、小学师资培训基地、建设工程培训基地、企事业单位计算机技能培训基地、村干部培训基地。为许昌企事业单位开展物流技能培训500余人次，为河南建筑行业培养项目经理2751人，培训大学生村干部390人，为机关企事业单位、初等教育教师开展计算机培训2000余人次，实现了用人单位、学院、学生三方受益的目标。

学院与河南万里运业有限责任公司、河南众品食业股份有限公司、航天集团等142家企业建立了产学研合作关系，建立了现代物流、会计、电子商务、应用电子等生产性教学基地140多个。现有校内各类实验实训室152个，设备总值达7000多万元。既有反映当前行业最新技术的设备设施，也有当今应用较普遍的设备设施。

## 二、校企合作、工学结合人才培养模式的实践

自2001年组建以来，学院根据教育部的文件精神和职业教育的特点，力求“企业全程介入、工学深度合作”，主动适应许昌区域产业结构升级需要，通过市场调查和预测，跟踪市场需求变化，主动适应许昌区域经济和行业、企业发展的需要，确定了人才培养定

位、职业能力及岗位技能标准,针对职业岗位群的要求以岗定课、按岗育人,全面进行课程综合化改革,切实围绕职业技能培养设置课程,探索建立“校中厂、厂中校”“订单培养”“三学期制”等人才培养模式。

**(一)“校中厂、厂中校”**

按照“以专业带产业、以产业促专业”的思路,在地方企业的协助下,我院成立了许昌众财财务管理咨询有限公司和兴达会计培训中心,组织实习学生3000人次,开展会计继续教育培训9000余人次。机电工程系成立的汽车维修有限公司和机电技术应用研究中心,组织实习学生2000人次,加工3000多个零件,部分零件已被航天、航海等军工产品使用,神舟六号发射成功时,航天工业部专门发来贺信,以表扬许昌职业技术学院机电工程系对神舟六号的成功发射所做的贡献。

**(二)“订单培养”**

财贸经济系分别与河南万里、许昌银行和众品食业合作开展“订单式”培养,组建了“万里物流班”“银行班”“众品班”。机电工程系与航天集团693厂、奔马集团、许继集团、人本集团、一汽大众、上海通用、重庆长安等几十家汽车驰名企业在许昌的多家特约维修站建立了合作办学关系,组建了“人本集团订单培养班”“奔马集团订单培养班”“航天693厂订单培养班”等,尝试边实习边就业的教学改革。

**(三)“三学期制”**

信息工程学院积极探索和实践的“三学期制”是指教育与产业结合、学院与企业结合、教学与生产结合、课堂与社会结合、学习与就业结合,在原有的春秋季两学期的基础上,将每年的6～9月作为工学交替的生产实践学期。真实的职业情境激发了学生浓厚的学习兴趣，其实践技能得到明显提高，职业竞争能力、科研技术得到明显提升，如2008年，学院研制的烟叶种植施肥起垄一体机和烟叶种植漂浮育苗机获得河南省科技成果二等奖，MHX-2型棉花植播育栽机械、烟叶种植施肥起垄一体机和烟叶种植漂浮育苗机已投入生产应用，烟叶编整机已列为河南省烟草系统重大科技攻关项目，YTWKJ盐田挖坑施肥机已投入使用；“YZPB-200D型烟草精量装盘播种机”和“2YZS-1型自走式烟草移栽机”已被列为2011年度河南省科技攻关项目；“智能型自走式烟草移栽机”和“烟苗智能剪叶机”已被列为2012年度河南省科技攻关重点项目。

**（四）校企互聘，积极吸纳企业专家参与专业建设和课程开发**

为了提升教师的专业实践能力，进一步提升教学质量，学院安排骨干教师到企业挂职锻炼，挑选学科（专业）带头人、骨干教师、教学能手利用假期送至合作企业进行培训学习，学习企业的先进管理经验和先进技术，同时对企业员工进行专业理论、计算机基础、英语基础知识方面的培训，这样既提高了企业员工的整体素质，对企业职工进行了新理念、新方法的提升培训，同时也为企业职工的职业技能鉴定提供了培训的师资、场所。通过双方的密切合作，达到培训的要求，为企业的发展创造条件。

为了真正培养学生的实际动手能力，学院根据专业的需要，聘请了合作企业的高管和中层骨干为系部的兼职教师，并邀请专家到学院开设讲座，有效地提升了我院教师队伍的整体水平，开阔了学生的视野，激发了学生的学习热情。

一个专业能否取得良好的发展，取决于专业培养方案是否适应市场的实际需要。多年来，为了制定科学合理的专业培养方案和课程标准，我院各个专业积极聘请企业专家参与专业的改革，聘请专家组成专业课程开发委员会，在专业设置和人才培养上，及时跟踪调查企业发展的需要，及时做出调整，力求实现专业设置、课程结构与企业需求的零距离磨合。近年来，学院与众多企业共同编写教材50余本，有效地推动了我院的教学改革，同时为校企合作提供了支持。

**(五) 企业在学院设立奖励基金**

在整个校企合作过程中，许昌银行、河南众品食业股份有限公司分别在我院设立了教师和学生的专项奖励基金，鼓励广大教师和学生认真钻研业务、努力学习，极大地激励了广大教师的科研热情，调动了学生学习的积极性。

## 三、校企合作、工学结合人才培养模式实施的成效

2013年，学校在校生16147人；在编在岗教职工641人，其中高级职称151人；硕士及以上学位教师160人，专任教师398人，兼职教师352人。专业省级教学名师1人，河南省职业教育教学专家1人，河南省教育厅学术技术带头人10名，许昌市学术带头人9名，许昌市拔尖人才10名，学院专业带头人46名，学院骨干教师144名，省级教学团队3个。

**(一) 专业品牌效应正在显现**

在办学指导思想上，秉承“以人为本，构建和谐校园；质量立院，培养高素质技能型人才”的办学理念，加强内涵建设，走产学研结合、校企合作的发展道路。围绕许昌及周边地区机电行业、汽车及零部件制造业、旅游服务业、花卉业、建筑业、物流业、旅游业等优化专业结构。组织有关人员深入行业、企业开展调查，了解人才市场对人才的需求状况，在创品牌、创特色专业上做了有益的探索。学校与企业的结合点主要体现在专业开发和专业设置上，企业所需要的人才是学校在一定的专业中定向培养出来的，因而专

业设置必须合乎市场的需要。学院以改革创新精神推动教学内涵的发展,重点以物流管理、会计电算化、应用电子技术、机电一体化、数控技术、汽车检测与维修等品牌专业为抓手,带动相关专业群建设,使专业设置优化、布局合理。学院先后开设了《物流管理》等精品课程73门,其中国家级高校精品课程1门:《涉外导游英语》;省级精品课程6门:《大客户服务与管理》等。

**(二)以合作共建理事会为纽带,构建政府、学校、行业、企业合作办学体制机制**

政府、企业与学院一道,积极探索并力求彻底解决影响、制约校企合作的根本问题,以资源共享、互惠互利为价值导向,依靠政府的力量,推动整合学校和企业的教育资源,为职业教育、企业发展和经济社会服务。校企合作实行"双元"管理。学院、许继集团和森源电器等各理事单位分别成立校企合作工作委员会,负责本单位整个校企合作工作的政策落实及组织实施,推动多方联动、紧密合作的办学机制有效运行。实施政府、行业、企业、学院多方共建适应工学结合人才培养模式的校企合作长效机制,有效解决制约高职院校专业教学中的教育资源问题。实现实训基地建设有新突破、校企合作方式有新突破、"订单培养"规模有新突破、特色专业建设有新突破、技术合作服务有新突破的目标。

**(三)双师素质教师的培养得到加强**

高职院校的教师是实践教学的组织者和指导者,因此教师既要有一定的专业理论水平,又要有较强的实践操作技能,了解企业经营治理运作的过程,必须具备双师素质。按照双师素质标准,每年评选一次,颁发双师素质证书;鼓励教师参加实验室建设及新实验实训项目的开发,主动与企业联合申报科研课题,参加项目设计;安排教师到专业对口企业挂职顶岗锻炼;鼓励教师参加高职师资培训,考取物流师、物流经理助理行业特许资格证书;完善职称评审标准,把技能考核作为职称评审的重要依据;制定双师素质教师的激励奖励政策,在相关方面给予相对优厚的待遇,保证双师素质队伍的稳定。通过采取以上措施,确保双师素质教师的比例达75%以上。

**(四)建成一批国家级和省级实训基地,并设有国家职业技能鉴定所**

拥有省级示范性实训基地两个、中央财政支持的实训基地两个:汽车检测与维修和现代工业技术及信息化实训基地。是河南省中等职业学校教师教育技术能力培训基地、人力资源和社会保障部职业技能鉴定和培训中心、中国物流职业经理资格鉴定中心许昌鉴定站、许昌市会计从业资格考试中心、教师资格鉴定站、河南兴达会计培训中心、阿里巴巴电子商务师许昌鉴定站、中国商业职业技能鉴定中心许昌鉴定站、国家职业资格考试许昌职业技术学院鉴定中心、河南省建设职业教育培训中心、河南省语言文字工作委员会、农业077特有工种职业技能鉴定站许昌分站、信息产业部电子教育中心、许昌市建设教育培训中心、建筑业职业资格培训和鉴定中心、全国计算机等级考试中心等。

**(五)校企共同开发高职教材**

由于教师对行业、企业缺乏真实的体验,因而所编写的教材不能把行业、企业中的新规范、新标准、新技术、新设备、新材料及时纳入教材中。应该参照相关的职业资格标准,参照企业的实际操作流程,从生产实际出发,以专业技能为主线,有针对性地把企业技师生产实际的经验和操作技能加工成教材。

**(六)学生的综合职业能力得到提高**

2008~2013年,共获得国家级、省部级竞赛奖98项,如第二届全国大学生“创意、创新及创业”电子商务挑战赛二等奖，全国高职高专大学生企业经营管理、物流管理沙盘大赛二等奖，全国高校市场营销大赛总决赛二等奖，全国商科院校技能大赛总决赛团体一等奖等。

**（七）高职教育教学研究成果取得可喜成绩**

近年来发表论文 829 篇，其中被 EI 收录 5 篇，核心 208 篇；出版论著 185 本；教科研项目 173 项；河南省高等教育教学成果 3 项。

## 四、校企合作的努力方向

当前，校企合作办学共同参与人才培养，已成为一种趋势，校企结合是确保高职教育更贴近市场、贴近社会需求、满足受教育者需求、促进学院焕发生机和活力的办学捷径。面对高职教育发展的新形势和市场经济的新挑战，我们将在不断完善这一办学模式的基础上，形成具有特色的更加灵活、更加开放的办学模式和技能型人才培养模式，为技能型人才提供更有利的成才通道。在今后的校企合作过程中，我们将在以下两个方面继续努力：

**（一）进一步加大校企合作的力度和广度**

尽管我院在校企合作方面已经取得了一些成绩，但有的专业还存在空白，我们要力争在最短的时间内，与广大合作企业进一步沟通，不断扩展校企合作的深度和广度，力争所有的专业均有“订单培养班”，不断扩大校企合作的力度。

**（二）吸引更多的企业到学院投资，补充教学资源的短缺**

面对迅猛发展的许昌企业及用人规模大的特点，我们要充分利用地方经济发展的良好局面，进一步深入众多企业调研，积极与有关企业磋商，争取吸引更多的企业参与到校企合作中来。

总之,我院校企联合办学虽然取得了一些成绩,但也存在着这样那样的不足,如产学研做得还很不够、课程设置还显得不够灵活、与企业联系的面还不是很广等问题。但校企联合办学也使我们尝到了一点甜头,我们将继续搞下去。我们坚信,只要我们解放思想,敢想敢做,打破传统习惯和定性思维,加强与企业的合作,充分调动企业的办学热情,带动有远见的企业投入到培养人才的过程中,校企联合办学的路子将越走越宽。

# 提升职业教育集团服务功能的探索
## ——以长葛市为例

许昌技术经济学校　黄智科

目前，职业教育集团已成为助推职业教育发展的有效平台。长葛市职业教育集团在促进校、政、企的有机结合，实现集团内部资源共享，积极开展职业教育和培训的同时，助推了职业教育的发展，提升了职业教育服务经济社会的功能。

## 一、长葛市职业教育集团的基本情况

长葛市职业教育集团是在长葛市人民政府的统一领导下，由政府负责，相关部门、企业、职业学校参加的政、校、企一体化的紧密型职业教育联合体。

长葛市职业教育集团成立于 2010 年 5 月 23 日，第一届理事会选举史本林、爨丽敏同志为名誉理事长，武建民同志为理事长，魏喜河同志为执行理事长。集团共有 57 个理事单位，其中以许昌技术经济学校为龙头，还有 18 个局委、10 家规模企业、16 个乡镇办事处和 12 所乡镇成人文化技术学校。

成立之后，以长葛市人民政府为主导，以许昌技术经济学校为主体，新规划职业教育园区 720 亩，校舍共占地 930 亩，建筑面积为 19 万平方米，固定资产总值达 2.6 亿元，其中教学、实习仪器设备资产总值为3500万元。2010年,有教职工及医护人员689人,专任教师238人,其中高级职称57人,研究生36人,“双师型”教师118人;另外聘任企业技术能手、行业专家60名作为兼职教师。

## 二、长葛市职业教育集团的特色

校政结合、校企合作、校校合作,校、政、企一体化是长葛市职业教育集团的鲜明特色。校政结合就是利用许昌技术经济学校的人力资源优势,长葛市人民政府将财政局、人力资源和社会保障局、教体局、农业局、科技局、民政局等有专项培训资金管理职能的相关局委以及各乡镇(办事处)都划入职业教育集团,做到职业教育资源不浪费、专项资金不流失;校企合作就是职业教育集团吸纳了黄河旋风、森源电气、众品食业三家上市公司,以及河南易和电器有限公司、青山金汇、新天地药业等十多家规模企业,做到互相支持、互相渗透、双向介入、优势互补、资源互用、利益共享;校校合作就是吸纳长葛市各乡镇成人文化技术学校、各社会力量办学单位,充分发挥集团组合效益和规模效应,做到场地共用、人才互通、培训规范、共同发展、责权对等,全面提升各成员单位的市场竞争力,推进城乡职业教育共同发展。

## 三、长葛市职业教育集团提升服务经济社会功能的探索

### (一)充分发挥长葛市职业教育集团的作用,广泛开展和扎实推进“双万工程”

自2010年以来,职业教育集团紧紧围绕长葛市经济社会发展的实际,先后在全市实施“双万工程”,即“万名农民读中职学技术工程”和“万名职工读中职提技能工程”,并将“双万工程”作为国家中等职业教育改革发展示范校的特色项目进行重点打造。对此,

职业教育集团内的骨干教师、外聘专家和能工巧匠不辞劳苦，深入乡镇集中授课，并到田间地头、果园菌场、种植养殖基地送教上门，使16～45周岁的农民学员接受2～5年的中等职业教育。同时，深入企业对职工进行技能提升培训。到2012年底，已培训“双万工程”学员达6735人。通过培训，就近转移就业或者创业农民学员3200人，转移到市区企业的农民学员2100人。“万名农民读中职学技术工程”覆盖16个乡镇(办事处)，受训人数达到2万余人次。

在“万名农民读中职学技术工程”实施的过程中，职业教育集团又提出了“计划培养100个种植养殖大户、扶持10个特色乡镇企业、引进两家规模企业投资在职教集团共建实习工厂”(简称“112工程”)。该工程成果显著，已培育出如石象乡石东村学员李占军的百亩桃园、南席镇水牛陈村学员李翠莲的散养鸡养殖场等96家有代表性的种植养殖大户；正在扶持如河南银发菌果科技有限公司、豫星农业发展有限公司等10个特色乡镇企业；在职教园区内，已引进河南力驼电器有限公司、河南依尔雅服饰公司两家规模企业。

在实施“万名职工读中职提技能工程”中，职业教育集团先后为河南众品食业有限公司、新郑好想你枣业公司、河南青山金汇不锈钢产业有限公司等市内外10多家企业员工培训，受训职工达上万人。通过技术培训，企业员工的职业道德和技术水平明显提高。

**(二) 校企合作共同培养技能型人才**

近年来，职业教育集团先后与河南易和电器有限公司、河南青山金汇不锈钢产业有限公司等多家大型优质企业深度合作，签约成立了“冠名班”，包括“易和班”“众品班”“青山金汇班”。“冠名班”的学生毕业后可直接进入企业工作。“冠名班”按照学校的教学要求和企业的岗位能力要求,共同制订教学计划、制定人才培养目标和培养方案,保证学生校内学习与企业生产岗位的零距离对接。企业为“冠名班”的学生免费提供服装和学习资料,并负责顶岗实习的食宿,支付生活补助费,缴纳实习保险。

学生在校实训期间,企业委派2~3名技术人员进行实践技术指导。同时,这些企业作为校外实训基地,每学期都安排机电、数控专业的学生到公司见习和实习。学生实习期间,吃住在企业,采用“师带徒”的方式,同时学校安排专业教师跟学生一起实习,随时掌握学生在实习过程中出现的各种情况,并及时反馈,学校和企业及时交流沟通,保证学生的实习效果。在河南易和电器有限公司的大力支持下,许昌技术经济学校已成功承办三届许昌市“易和杯”机电类学生技能大赛,由河南易和电器有限公司提供比赛所需的设备、工具和耗材,配备专人为整个比赛提供技术指导。

**(三)校企合作共同研发新技术、共同开发精品课程**

结合国家级示范校建设项目,职业教育集团与企业紧密合作,加强重点专业建设,成立“企业家咨询委员会”“专家指导委员会”“教学指导委员会”,采用轮岗制安排教师到企业参与生产实践。发挥“企业家咨询委员会”“专家指导委员会”“教学指导委员会”的指导作用,适时调整专业方向,改革课程体系。截至目前,已与行业、企业共同开发精品课程27门,与河南易和电器有限公司等企业合作进行技术研发5项。

**(四)引企入校,不断完善“校中厂”“厂中校”等校企合作模式**

引厂入校,建立多元投资办学机制,实现校企深度融合,增强学校办学活力,拓宽学生实习实训就业渠道。河南力驼电器有限公司投资1000万元建设的环保型电瓶车厂,已在职教园区建成投产,为机电专业学生提供实习岗位200个。该项目计划3年内扩大规模，提供实习岗位达500个，年产3万辆，实现产值1个亿，利税2000万元。投资500万元建成的依尔雅服饰公司生产的服装已出口欧美。同时配合国家示范校建设项目汽车运用与维修专业基地，吸引社会资金500万元，已建成机动车驾驶员培训基地。另外还拟投资500万元建设素质教育拓展训练基地，该项目正在施工中。

**（五）为富士康输送合格员工**

依托长葛市职业教育集团成立了“富士康科技集团河南省长葛市基础人力培训中心”，在黄河工业园建设富士康科技集团校企合作实训基地。与富士康科技集团签约以来，积极为富士康招募、培训、输送合格员工5500余人，同时还积极配合富士康科技集团，为富士康科技集团培训内部员工。

**（六）合理配置资源，开展全民技能提升培训**

近年来，学校先后组织民政局、农业局、气象局、土地局、残联、妇联、电力公司、一峰公司、乐福超市等单位，进行员工技能提升培训、特殊工种资格培训、安全生产业务培训、复转军人及残疾人培训、移民培训等。截至2012年底，共计培训各类人员6500余人，考试合格率达98％。

长葛市职业教育集团发展势头良好，校企合作深入开展，企业为学校提供实习和就业岗位，学校为企业提供有力的人才和技术支持，真正实现了学校与企业的双赢。依托职业教育集团实施“双万工程”，并开展各种培训，助推了长葛市经济社会的发展。2011年4月6日，《中国教育报》以“职教助力农业大市转型发展”为题，专门报道了长葛市职业教育集团发展及职业教育强市工程。

同时，长葛市职业教育集团的发展，也助推了职业教育的快速发展，职教园区现有各类学生6000余人，开设专业由原来的12个扩展到 20 个。职业教育集团理事单位许昌技术经济学校被教育部、人力资源和社会保障部、财政部确定为首批国家中等职业教育改革发展示范学校建设计划立项学校。长葛市被河南省人民政府评为职业教育强市、职业教育攻坚先进单位。

# "知识+技能"的考试制度的探索

河南信息统计职业学院　王志电

推进职业教育考试招生制度改革,十分迫切,也十分复杂。教育规划纲要指出,要逐步形成"分类考试、综合评价、多元录取"的考试招生制度。2013 年,《教育部关于积极推进高等职业教育考试招生制度改革的指导意见》明确提出,高等职业教育考试招生制度改革,要按照有利于科学选拔人才、促进学生健康发展和维护社会公平的原则,逐步与普通高校本科考试分离,重点探索"知识+技能"的考试评价办法,为学生接受高等职业教育提供多样化的入学形式。

## 一、中高职衔接的实践与问题

### (一) 中高职衔接的实践

2000 年左右,国家教育部为中职学生(中专、技校、职高毕业生,简称"三校生")解禁,使广大中职学生通过单招单考升入大学成为可能。之后,各省市教育部门和高职院校都积极探索多种渠道实施中高职衔接,希望为中职毕业生搭建四通八达的人才"立交桥",使中职毕业生除了就业机会之外还有升学机会。概括起来,全国中高职衔接模式大致可分为两类:

1. 传统模式——高考衔接模式

中职与高职各自根据自己的学制年限进行教育,完成三年中职学习的毕业生通过国家单独组织的升学考试,进入高职院校继续接受职业教育的模式。中职毕业生自由选择报考高职院校,而高职院校同时面向中职和普通高中招生,中高职学校既无合作关系也无业务往来。

2. 一贯制模式——“3+2”统筹模式

中职与高职统筹安排和整体设计所形成的一种学制结构及衔接模式,该模式一般采取“3+2”或五年一贯制。中职课程学习三年,获得中职毕业证书,再通过对口高职院校组织的入学考试,升入高校学习两年,获得高职毕业证书。与单考单招模式不同的是,中高职衔接的专业之间是对口关系,中高职共同制订专业教学计划和考试计划。

**(二) 中高职衔接的问题**

虽然有了国家政策关于构建中高职“立交桥”的支持,且中高职之间招生就业和人才培养制度均呈现出灵活性的改革,但当前中高职的衔接关系并不乐观。

1. 中高职“衔接不足”

研究表明,许多中职学校对学生实行“三三三制”分配,即 1/3 学生升入高职院校继续深造,1/3 学生通过成人高考接受成人继续教育,1/3 学生直接就业。可见中高职衔接率只能达到 33%,但这 33%也会由于各种原因实现不了。从中高职资源的分配来看,中国现有的高职资源对庞大的中职学生群体来说,升入高职学习的机会其实是非常小的。政府或高职院校对中职学生的报考有一定的限制,使得有深造愿望的学生得不到上升的机会。

2. 中高职"衔接不良"

主要表现在以下三个方面。第一,管理脱节、专业设置差异导致衔接不良。各种衔接模式的共同缺陷就是学校之间缺乏沟通与交流,管理脱节,成各自为政的态势。同时,由于近些年的就业压力大,中职教育大多采取就业导向的专业设置和教学模式,专业设置随市场需要的变化比较频繁,而高职开设的专业相对较窄,不能满足中职学生进入高职深造的愿望。调查表明,实行"3+2"五年一贯制的中职学校中,只有少数几个专业能够与高职相衔接。即使是合作学校之间、合作专业之间也缺乏统筹兼顾的科学管理体系,在专业设置、教学内容等方面要么脱节,要么重复,要么难以体现层次性。第二,课程设置要么脱节,要么重复,导致衔接不良。这是单考单招模式的主要缺陷。高职院校同时面向普通高中和中职学校招生,普通高中学生文化基础课学习的程度较深,基本没有开设专业课。中职学校文化课要求较低,但开设的对口专业的专业课占很大比重。两种不同程度的学生进入高职学习,使高职院校难以统一教学。于是,中职毕业生升入高职学习,在文化基础课学习上比较困难,而专业课则重复现象严重,估计达40%以上,甚至不少专业的中高职课程采用的是同样的教材。第三,专业技能实训"倒挂"现象导致衔接不良。调查发现,相当一部分高职院校在实习训练与专业技能培训方面并没有明显优势,甚至还不如中职,出现中高职技能训练"倒挂"现象。

## 二、建立"知识+技能"的考试制度的探索

目前,教育部在推进中等和高等职业教育协调发展方面,已经出台了指导意见,大的方向原则已经确定,关键是中等和高等职业教育如何衔接、如何统筹。深层次的改革体现在制度层面,主要包

括推动招生考试制度改革、完善“知识+技能”的考核办法等。

“知识+技能”的考试方法,应是今后高职考试招生制度改革的重点,也是未来高职考试招生制度的重要特色。相对于传统的文化知识纸笔考试,新的考试方法将在命题、考试形式、组织管理等方面带来全方位的变革,因此更需要深入的理论研究并在实践中持续探索。

**(一) 实施原则**

第一,坚持有利于高校科学选拔人才、有利于普通高中教育和中等职业教育协调发展、有利于推动职业教育教学改革、有利于落实高校招生自主权的原则。

第二,坚持统筹兼顾,充分考虑普通高中教育、中等职业教育和高等职业教育的相互衔接,兼顾各类考生利益的需求。

第三,严格考试标准,坚持公平、公正原则。知识考试要兼顾不同类型的考生,专业技能考试重点考核考生的动手能力,要科学制定考试大纲和考核标准,完备试题命制,规范考试组织,确保考试工作公平、公正。

**(二) 考试形式**

第一,“知识”部分由省统一命制试题,统一组织考试,统一评卷和评分。

第二,“技能”部分由具备相应专业优势和考试组织能力的高等职业院校或本科院校作为主考院校。由学校提出申请,通过专家评估提出意见,经省教育厅审核确定。各主考院校还要制定专业技能考试实施方案,报省招办审定后,具体负责专业技能考试的组织、评分和成绩上报工作。

**(三) 有关要求**

第一,各省(市)应根据本省产业发展的要求,自主实施技能考试,制定高等职业教育招生考试改革实施方案,建立符合应用技术和技能型人才成长规律的选拔机制。

第二,职业院校学生在校期间的技能考核、参加市级以上的竞赛成绩和获得的职业资格证书,按照一定比例折合成综合成绩,作为升入高等职业教育的依据。

第三,为增强职业教育的吸引力,给予学生更多的选择机会,职业教育和普通教育应建立职业资格证书和学历证书互认、互换机制,构建职业教育与普通教育之间的"立交桥"。

## 三、建立"知识＋技能"的考试制度的政策措施

### (一) 中高职学校间的学分要实现互通

鲁昕同志在对多所中高职学校实地调研后提出"学分互认"的衔接方法,这对当前各自为政的中高职学校来说,是一种全新的挑战,也是优化中高职资源配置的有效方法。当前职业院校都已经实行了学分制改革,但学分制的规定还是各自设定、互不沟通。随着中高职间的专业设置趋同、课程体系贯通,中高职间的学分制也应该统一规划,这样学生就可以按学分制规定灵活组合选择课程模块,在中职学校修满的学分高职院校也予以承认,这就有效地解决了课程重复的问题,使中高职间的资源得到了优化配置和充分利用。

### (二) 中高职的专业设置要保持一致

各专业方面,要根据区域的经济结构和就业结构,面向支柱产业和大型骨干企业,提高专业与产业的吻合度,实现中高职专业设置的趋同性。因此,要使中高职实现较好的衔接,就要拓宽专业衔接口径、提高中职与高职专业的对应性。

**(三)中高职的人才培养目标要体现层次**

中高职在职业人才的培养目标、培养模式上既有一致性,又有着包含职业能力的综合职业素质方面的层次差异性。中职教育在职业教育中起基础性作用,目的是培养技术技能型人才,强调的是一技之长,而高职教育在职业教育中起引领作用,培养的是高端技能型专门人才,其培养目标定位于高技能和应用型。因此中高职应分别根据区域产业链不同的职业岗位要求及相应的教育规范确定培养目标,实现培养目标从低级到高级的层次衔接。高层次专业人才的培养要建立在同类教育较低层次的基础之上,因此,中职教育既要考虑直接就业,还应重视学生升学和深造的走向,为学生的终身学习打好基础。

**(四)中高职的课程体系要保持贯通**

制定中高职一体化大纲是国际上中高职衔接的先进经验,因为两个职业教育阶段的专业教育面对的产业结构和培养方向是一致的。但中高职的教学内容不能重复、要符合知识与技能循序渐进的原则,这也就必然要求中高职应有贯通的课程体系。按照现代职业教育的理念,职业教育课程体系不应以知识的逻辑关系构建,而应以技术领域和职业岗位的行动领域分析为基础、以职业能力的形成为主线而构建。因此,要系统分析区域产业链的特点,按照行业中初级技术岗位和高技能岗位的标准,按照实践教育的规律设计课程体系,开发特色课程,科学地解决哪些知识应在中职教育阶段完成,哪些技能应该在高职教育阶段中解决,最终使中高职专业教育既构成整体,又相对独立,最终实现产业所需初级、中级和高级技能型人才系统培养的目标。

**(五)中高职的师资培训要系统化**

构建"双师型"师资队伍是实现中高职衔接的关键。在贯通式的课程体系与各自的目标任务确定后,要完成一体化的教学任务,必须系统地培训师资力量。尤其是在中高职自考衔接模式中,原有的中职师资显然不能满足高职阶段的教学要求,因此中高职学校必须合作培养能够承担高职教学任务的师资力量,专业课教师都要成长为"双师型"教师。对于中职学校而言,这不仅可以提高整体的师资水平,也有助于教师自身的专业化发展提升。高职院校可以实行"特聘"教师的办法,当中职学校教师通过培训进修达到相应水平后,高职院校可以"特聘"这些专业教师,从制度上解决中高职衔接中教师的衔接问题。

# 中职学校"知识+技能"的考评模式改革的探索

平顶山市工业学校 王若霞

2013年,我省开展了"知识+技能"的考试改革的试验,研究以技能竞赛成绩、平时技能考核成绩和职业资格证书等折合成绩,作为对口升学及应用型本科招生"知识+技能"的考试改革中"技能"成绩的计算办法。"知识+技能"的考试制度的实施,对我省中职学校考核评价模式改革提出了新的要求,将对我省中职教育教学产生巨大影响。如何适应新的考试改革制度,把"知识+技能"的考核评价模式有效地应用于日常教育教学工作中,全面提高教育教学质量,在让一部分学生圆了自己大学梦的同时,为社会输送更多的实用型人才,是当前各中职学校急需探讨和解决的重要课题。平顶山市工业学校在借鉴国内外职业教育先进经验的基础上,结合本校实际,对"知识+技能"的考核评价模式的运行,进行了一些有益的探索与实践,收到了良好的效果,现归纳总结如下。

## 一、"知识+技能"的考评模式改革的背景

### (一) 传统考评模式存在诸多弊端

我校在以往的考试评价中,沿用的基本是传统的考核评价模式,它存在以下诸多弊端:

1. 考试内容重知识、轻能力

平顶山市工业学校是由初中、职业中专、普通中专沿袭改制而来,知识本位思想根深蒂固,传统的考核与评定习惯生成,加之客观知识便于命题,考试内容多以理论知识考核为主,技能、操作、实践能力考核很少,素质考核很少涉及。这种只注重理论知识的掌握而忽略了技能和素质的提高的考评模式,背离了职业教育的培养目标。

2. 考试方式比较单一

考试方式多以闭卷笔试为主,开卷、口试、答辩方式很少。一次考试定结论多,数次考试综合评价少,限制了学生主动求知、探索主体性的发挥,不利于学生技能与创新素质的培养,脱离了职业教育的培养目标。

3. 评价方式偏重于考试结果

评价方式偏重于考试结果,对学生的日常行为、学习态度、学习习惯关注太少。一般在期中、期末各进行一次考试,两次考试的平均成绩作为学生的学期学习成绩;虽然也考虑到了学生平时的学习表现,但顾及比例较低、记录不全面,特别是当教师所教班级较多时,平时成绩的评价随意性较大。这种单一的、简单的用分数的高低去评价学生的方法弱化了评价的激励功能。特别是对于中职学校的学生来说,由于他们原有的基础差异很大,用同一个标准去衡量他们,更是难以激励和全面考核学生的成长、进步和发展。

**(二)传统考评模式难以适应教育教学改革的需要**

随着我校职业教育教学改革的不断深入,重知识、轻能力、方式单一、只注重终结性评价而忽视过程性评价的考核方式难以适应教育教学改革的需要、难以体现职业教育的特点,培养的学生不能很好地适应市场需求。通过企业调研、毕业生信息反馈,我们得知企业在关注学生知识、操作技能的同时，更注重学生的职业素养、劳动态度等综合能力。这使我们充分认识到，只有对学校现有的评价机制进行改革，才有可能培养出具有一定技能、适应市场需求、符合工作岗位要求、受企业欢迎的高素质人才。因此，如何建立体现职业教育特点、适合职业学校学生成长的考核评价模式，使学生在学习中既学会做事，又学会做人；既增强职业能力，又增强职业素养，逐渐成长为具备高素质、高技能的劳动者，是我们学校面临的现实而迫切的问题。

**（三）“知识＋技能”的考试制度对考评模式改革提出了新要求**

多年来，中职毕业生对口升学考试主要参照普通高考的做法，进行文化基础课和专业基础课考试。随着职业教育的改革发展，课程设置以职业技能培养为主，办学目标强调就业导向，传统的纸笔考试难以体现职业教育的特点。为了推进高职院校的考试招生改革，加快现代职业教育体系建设，湖北省教育厅在广泛调研的基础上，从 2011 年开始推行普通高校招收中职毕业生的“技能高考”，探索建立以技能操作考试为主、文化考试为辅的招生考试制度。2013 年，我省也开展了“知识＋技能”的考试改革的试验，研究以技能竞赛成绩、平时技能考核成绩和职业资格证书等折合成绩作为对口升学及应用型本科招生“知识＋技能”的考试改革中“技能”成绩的办法。“知识＋技能”的考试制度将对我省中职教育教学产生巨大影响，对我省中职学校考核评价模式改革提出新的要求。如何适应新的考试改革制度，把“知识＋技能”的考核评价模式有效地应用于日常教育教学中，全面提高教学质量，在让一部分学生圆了自己大学梦的同时，为社会输送更多的实用人才，是我们各中职学校需要探讨和解决的重要课题。

## 二、“知识＋技能”的考评模式改革的探索与实践

### （一）指导思想

职业教育的特点是具有鲜明的职业性，其教育的目的是为职业建设和发展服务。因此，中职教育的考核评价模式理应充满职业色彩，要以学生的职业发展为中心，以职业岗位对学生职业素质和能力的需求为标准进行，使考核评价与相关的职业标准科学地联系起来，使中职教育的评价结果与其教育的目的高度统一起来。鉴于此，应按照培养目标与职业活动贴近、培养标准与职业标准对接、学习考试与职业技能考试鉴定接轨、考试改革与专业发展、课程教学改革以及质量管理改革同步配套、整体推进的思路，把考评方式改革作为人才培养模式改革系统的一个子系统进行研究与实践，从中职教育培养企业生产、建设、服务第一线技能实用型人才的目标定位出发，研究建立与国家职业资格鉴定考试接轨的“知识＋技能”的考试评价体系。

### （二）遵循的原则

1. 职业性原则

职业教育在一定程度上说是就业教育，考核评价应坚持以就业为导向的职业教育方针，对学生的职业道德、职业技能和就业能力进行有效考核。促进职业教育与生产实际紧密结合、学历证书与职业资格证书对接，提高毕业生对职业岗位及职业发展的适应能力。

2. 多样性原则

多样性原则要求评价内容多元化、评价主体多元化、评价方法多样化。评价内容多元化，就是评价内容既要重视学生的学习成绩，又要重视学生的思想品德以及多方面潜能的发展，注重学生的

创新能力和实践能力;评价主体多元化,就是改变以前对学生的学业成绩的评定由老师独揽的局面,做到老师考评与学生自评、小组互评相结合,学校评价和企业评价相结合;评价方法多样化,就是除考试和测验外,还要研究制定便于评价者普遍使用的科学的、简便易行的评价办法,探索有利于引导学生、教师和学校进行积极的自评与他评的评价方法。

3. 科学性原则

科学性原则是指构建中职教育评价指标体系时做到实事求是,评价时运用科学的、现代的评价方法和工具,科学判断教育效果及其价值,由形成性评价逐步发展到总结性评价。

**(三) 采取的措施**

1. 将劳动部门的职业技能标准纳入考评体系

将劳动部门的职业技能标准纳入对学生职业技能水平的考评体系中,将考核与考取各种职业技能等级证书结合起来,把考取职业技能等级证书应知应会的内容融入日常教学中,使学生毕业后真正达到职业技能要求,毕业就能完全胜任岗位工作,真正成为企业需要的技能型高素质劳动者。

2. 把职业道德考核纳入考评体系

在加强学生的职业道德、专业思想教育,强化学生的纪律意识的同时,把对学生的职业道德考核纳入学生的综合考核,并将其作为重要的评价内容。

3. 把企业对学生的评价纳入评价体系中

在校企合作中,学校与企业共同培养学生、共同管理学生,学生在企业的表现及企业对学生的评价属于学生综合评价中非常重要的一部分。因此学校主动与企业建立校企管理网络,把企业对学生的评价纳入学生的综合评价中,把学校和企业的综合评价作为对学生的评价标准。

4. 建立以"能力测试"为中心的现代考试方式

改变过去的以笔试为主的考试方式，建立以"能力测试"为中心的现代考试方式。如口试、实际操作、解决实际问题、完成规定项目或任务、技能竞赛等。

5. 过程性考核和终结性考核相结合

对专业课程的考核，采用终结性考核和过程性考核相结合的方法，其中过程性考核占60％，终结性考核占40％。过程性考核包括学习内容考核和学习情况考核两大部分，其中，学习内容考核包括完成平时实训操作、作业、参加实践活动、接受单元测试等，学习情况考核包括学习（或工作）态度、劳动纪律、作业完成情况等。考核中特别注重对学生实践动手能力的考核。对取得能力证据（即第三方证明）的学生给予加分鼓励，如学生参加社会或企业职业活动取得的成果、职业资格证书、技术等级证书等，只要真实、有效，相应课程就可以作为学生的能力证明参与其成绩评定，并在其综合测评中给予加分鼓励。过程性考核能充分调动学生学习的积极性与主动性，有效提高人才培养的质量。

6. 实行教考分离制度

教考分离就是教育教学任务由学校负责，教材选用、命题、教学效果评价由社会知名企业专家、技术能手、教育教学专家负责。教考分离能够很好地达到促进学生知识和技能提高的目的，使培养的学生更加符合企业的需求。

## 三、"知识＋技能"的考评模式改革的成效

### （一）初步构建了具有职教特色的"知识＋技能"的考评体系

经过实践，学校在原有各类评价方式的基础上，参照企业用人

标准,综合考虑各种因素,初步构建了具有职教特色的"知识+技能"的考评体系。这一评价体系不仅考核学生的学业成绩,还考核其学习态度、学习纪律、安全规范操作、团队合作精神等。在评价中,不仅重视学生的学习结果,更关注学生在学习过程中的表现。同时,学校也积极与合作企业进行沟通,邀请企业人事管理部门参与对学生的综合评价,使评价更客观、全面、真实地反映学生的实际能力,初步抑制了部分学生的厌学情绪,调动了学生的学习积极性,学生的实践技能教学得到加强,考取职业资格证书的人数大幅度上升,为学生顺利、理想就业打好了坚实的基础。

**(二) 加强了对学生就业能力的培养**

在教育教学过程中,对学生职业综合素质进行合理评价,大大提高了学生自觉提升职业素质的积极性,培养了学生的主人翁责任感和敬业精神,增强了学生良好的沟通能力、协调能力和岗位意识。

把技能评价作为重要的评价项目,有效提高了学生的实践能力,使学生具备了企业员工的上岗要求。

企业参与评价过程,培养的学生更加符合企业的需求,因而毕业生有较强的岗位适应性,实现了学校教育与企业需求的零距离接轨。

**(三) 促进了学校的可持续发展**

"知识+技能"的考核评价体系的建立,为培养学生的就业能力打下了坚实的基础。学校的毕业生供不应求,出现了许多企业到校以高薪、优厚的待遇争抢毕业生的局面。同时,良好的就业形势也提高了学校的社会影响力和美誉度,并以就业带动了招生,实现了学校的可持续发展。

# 国外职业教育校企合作的发展经验与启示

周口卫生学校　刘东升

当今社会的一个重要特征就是全球化趋势加强，竞争压力加剧，国际界限正逐步消失，资本和劳务流动增加，网上贸易流动增加，世贸组织的地位和作用加强，新科学、新技术蓬勃发展。而职业教育是时代变迁中经济发展的催化剂，它在促进经济增长、增强企业竞争力和减少失业方面起着重要作用。亚太经合组织教育部长会议通过研究发现，各经济体都比以往更加重视发展职业教育，以此促进就业和企业发展。因此，各国职业教育改革的步伐也随之迈开。如何建立开放的、灵活的和面向学习者的新型职业教育制度，如何培养适应现代企业就业需要的复合型、应用型人才，如何在新时代中达到职业教育与企业发展双赢的局面，是各国职业教育工作者及企业从业人员应该共同思考亟待解决的问题。在当前我国大力发展职业教育的新形势下，我们分别研究了国外发达国家职业教育校企合作的发展现状，借鉴这些国家的成功经验，无疑对我国职业教育的持续健康发展有着十分重要的意义。

## 一、发达国家职业教育校企合作的发展现状

在各国政府的倡导和支持下，国外发达国家职业教育的校企

合作办学机制积累了丰富的经验和好的做法,较为典型的国家分述如下:

**(一) 德国职业教育校企合作发展现状**

德国政府正推出包括职业教育现代化、适应经济结构变化、学校和企业间的合作、与普通教育相衔接等改革计划。到 2011 年,联邦教研部将向地方教育机构投资 1 亿欧元改善职业教育。德国职业教育的科学研究,正如其职业教育对经济的推动力一样,举世瞩目,并始终处于世界领先地位。德国经济腾飞的秘密武器是德国“双元制”职业教育,“双元制”是指将在企业里进行的职业技能和相关工艺知识的教育与在职业学校里进行的职业专业理论和普通文化知识的教育结合起来培养职业人才的教育制度,是将传统的“学徒”培训方式与现代职业教育思想结合的一种企业与学校合作办学的职业教育模式。

**(二) 美国职业教育校企合作发展现状**

美国长期实行自由开放的市场经济,所以对人才的需求也带有明显的市场竞争特点。美国举办的大学将四年制大学分为两个阶段,前两年称为初级学院,后两年称为高级学院。公立的初级学院设在社区中心,为社区服务,故称为“社区学院”。“社区学院”提供职业教育、补偿教育、社区教育、大学转学教育和普通教育。在教学模式上,“社区学院”的职业教育强调教学与生产实践相结合,各专业的实践课程学时占总学时的 50%或更多,有些“社区学院”的职业教育实行合作教育计划,使学习的内容在实际工作中得到应用和巩固。这类学生往往利用假期参加实习工作,并不延长学习年限。

**(三) 新加坡职业教育校企合作发展现状**

在新加坡,政府从法律上就规定了相关企业有参与和支持本国职业教育的义务。例如:企业在职业院校新专业的设置、专业课程的开发等方面都应给予大力支持,确保有关专业课程与企业直接挂钩,职业院校也能及时了解和掌握最新技术信息。由于新加坡国情需要大力发展职业技术教育,因此,该国建立了专门政府机构,不断加强、完善和改进职业院校行政领导制度,确立相关法律、发展标准和证书制度,并投入大量资金,设立技能发展基金等,以确保职业教育人才培养的质量。

新加坡的职业学校与企业的关系十分密切与融洽。各类学校董事会董事包括企业的企业主,每个专业咨询委员会聘请有关企业主担任委员。企业主通常无偿地向学校提供资金和一些先进的实习设备,学生也可以到企业实习,企业主会主动支付学生补贴。新加坡人还创设了注重社会合作、突出职业教育的实践性的"教学工厂",这种教学模式后来被各理工学院和工艺教育学院广泛采用,极大地推动了新加坡职业教育事业的发展。

## 二、发达国家校企合作经验对我国职业教育发展的启示

随着职业教育发展速度的增加,校企合作对职业教育发展的促进作用逐渐被认识并提上日程,职业院校也在逐步开展各种类型的校企合作。但是,校企合作在实际操作应用中也存在着一些问题。认真研究国外有关校企合作的成功经验,对于推动我国职业教育的健康发展、促进培养合格的中高等职业技术人才大有裨益。

### (一) 理清职业教育的定义,实现企业与职业院校互利共赢

有人把职业教育理解为只培养技术工人的教育,即狭义的职业教育;有人认为职业教育是与普通文化教育相对应的,它涵盖针对职业的所有,即包括高等教育和成人教育的职教部分,其培养目

标涵盖工程师、技术员、技术工人等各类专门人才,即广义的职业教育。随着我国终身教育体系的建立和学习型社会的全面形成,人们将经常进行学习和接受教育与培训,而且更多的是边工作边学习。因此我国的职业教育应扩展为广泛意义上的职业教育,才能满足与适应我国经济社会发展的需要。校企合作共同为企业培养高素质技能型人才的教育模式是一种以市场和社会需求为导向的运行机制,是学校和企业双方共同参与人才培养的过程。以培养学生的全面素质、综合能力和就业竞争力为重点,利用学校和企业两种不同的教育环境和教育资源,采用课堂教学与生产实习有机结合,来培养符合企业需要的高素质技能型人才的教学模式。在这种模式下,学校把企业的需要作为自己的发展方向,确立为企业服务的理念,与企业联姻,不断推动教学方法和教学内容的改革,从而带动专业设备的更新和师资队伍的建设,学生的实践能力和综合素质得到全面提高,为企业输送了大批高素质的员工,也为企业的可持续发展提供了丰富的人力资源后备力量,真正实现了校企合作双方的互利共赢。这样才能使企业与职业院校在理解的基础上,扩大共识,意识到职业教育的发展与企业的发展密不可分,双方都能积极主动地考虑校企合作的方式,既有利于职业教育的健康发展,也有利于企业的成长壮大。

**(二)因地制宜建立多元化的校企合作模式**

我国国土面积广大,经济发展不均衡,各地企业对从业者的能力、类型和层次等要求各不相同,对实施校企合作的实际承受能力存在差异,这些情况在一定程度上决定了其校企合作的深度和广度。职业院校校企合作模式应根据各地区生产力的发展水平、职业教育的发展程度区别对待,以达到校企合作的最佳效果,促进二者共同发展。我国目前的职业教育用于培养学生的校企合作模式大都还属于以学校为主的校企合作模式。如较为实用的校企合作模式有“订单式”全程学历教育模式、“订单式”后期培训教育模式、对接企业强化顶岗实习模式等，这些多元化的校企合作，有利于职业教育适应社会发展的现状和区域经济的特点；有利于全面培养学生的综合素质与职业能力，提高其就业创业能力；有利于推动职业教育实现规模、结构、质量和效益的协调发展。

**（三）创新人才培养模式，试行“学徒制”**

我国职业教育的传统培养方式为：在校前 2/3 的时间学习基础理论知识，后 1/3 的时间进行实践实习。理论知识的学习与技能实践截然分开，导致学习的理论知识不能及时验证，学习效果大打折扣。我们可以借鉴德国、新加坡等国家的培养模式，使学生在校初期掌握基本理论知识之后，学习专业课时，间断性地到企业当学徒，使学生尽早接触企业的工作环境，参与到企业的实际生产过程，巩固理论知识的学习，并验证学习内容与企业需求的紧密联系。同时，这样还可解决部分企业劳动力短缺的问题，缓解企业的经济压力。

**（四）改革传统教学管理体系，加强教师队伍建设**

实施校企合作，必须改变传统的以教师和课堂为中心的教学管理体系，在教学管理中，必须有企业甚至行业的参与，使校企合作制度更科学地实施、工学交替更合理地衔接。同时，还要建立起一支有现代职教观的“双师型”教师队伍。各职业院校从各行业、企业引进一批一线技术能手充实教师队伍，或者建立一支由企业专家和管理人员组成的兼职队伍，使在校学生能够在学中做。从企业中来的教师应能够按照学校制订的教学计划实施教学工作，并能按照技能操作标准进行个别和集体指导，确保学生在做中学。

职业教育要想真正建立起“以企业为主体、职业学校为基础、学校教育与企业培养紧密联系”的技能型人才校企合作培养制度,还有很长的路需要业内和社会各界共同探索。我们要借鉴国外发达国家有关校企合作的成功经验,认真研究,解放思想,勇于创新,拓宽运作思路,探索优势互补、资源共享、共同发展的双赢模式,从而促进我国职业教育校企合作的健康有序发展。

**图书在版编目(CIP)数据**

怎样构建河南特色现代职业教育体系:河南省第四届职教专家论坛集萃/尹洪斌主编.—郑州:河南大学出版社,2015.11

ISBN 978-7-5649-2272-6

Ⅰ.①怎… Ⅱ.①尹… Ⅲ.①职业教育—教育体系—河南省—文集 Ⅳ.①G719.2—53

中国版本图书馆 CIP 数据核字(2015)第 277528 号

**责任编辑** 马 博 时二凤
**责任校对** 申立萍
**封面设计** 郭 灿

**出版发行** 河南大学出版社
地址:郑州市郑东新区商务外环中华大厦 2401 号 邮编:450046
电话:0371-86059701(营销部) 网址:www.hupress.com

| | | | |
|---|---|---|---|
| **印 刷** | 开封日报社印务中心 | | |
| **版 次** | 2015 年 11 月第 1 版 | **印 次** | 2015 年 11 月第 1 次印刷 |
| **开 本** | 787mm×1092mm 1/16 | **印 张** | 17 |
| **字 数** | 206 千字 | **定 价** | 31.00 元 |